네이버 카페
수익화
마스터 클래스

1판 1쇄 펴낸날 2024년 9월 5일

지은이 문정수
펴낸이 나성원
펴낸곳 나비의활주로

기획편집 유지은
디자인 BIG WAVE

전화 070-7643-7272
팩스 02-6499-0595
전자우편 butterflyrun@naver.com
출판등록 제2010-000138호
상표등록 제40-1362154호
ISBN 979-11-93110-41-6 03320

온라인 카페 운영 고수의

카페 최적화 🔍

상위 노출 🔍

챗GPT 활용법 🔍

유튜브 제휴법 🔍

네이버 카페 수익화 마스터 클래스

문정수 지음

나비의 활주로

네이버 카페 고수가 밝히는
그동안 그 누구도 알려주지 않았던
온라인 카페 운영 알짜 팁

'부자가 되려면 잠자는 동안에도 돈을 벌어야 한다'라는 말을 들어 보셨나요? 이 말에 어느 정도 동의하시나요? 부자는 아니라도 자유롭게, 맘 편하게 돈 걱정 없이 살 만큼 벌더라도 시간적으로 자유롭게 살고 싶으신가요? 어떤 마음이건 다 좋습니다. 이 책을 잘 펼치셨어요. 그런 마음인 분들에게 또 하나의 기회를 알려드리려 하니까요.

"지금 시작해도 네이버 카페 운영으로 돈을 벌 수 있을까요?"
"카페가 돈이 된다고 하더라도 과연 제가 운영할 수 있을까요?"

이런 의구심을 품은 채 이 책을 펼치셨나요? 결론부터 말하자면 이렇습니다. "네, 네이버 카페가 안정화되기까지, 다시 말해 수익화를 이루기까지 다른 매체 보다 좀 더 힘이 드는 것은 사실입니다. 하지만 그 고비만 넘긴다면 유튜브와는 비교할 수 없을만큼 시간적인 여유가 생깁니다. 말 그대로 알아서 돈 벌어다 주는 온라인 건물이 하나 생기는 것과 같죠."라고 자신 있게 답하겠습니다. 네이버 카페처럼 한번 잘 만들어진 커뮤니티에서 나의 힘을 최소화하여 수익을 내는 시스템이 또 있을까 싶습니다.

저는 무일푼으로 네이버 카페를 만들었고 10년째 운영하고 있으며, 온라인 마케터로도 활동 중입니다. 강의로 수익을 내는 것이 아니라 카페 운영으로 실제 수익을 내지요. 바로 제가 다들 궁금해하는 그 베일에 싸여 있는 온라인 카페 운영자 중 한 명입니다. 여기에 카페 운영자가 직접 책을 쓰는 경우는 열 손가락 안에 들어갈 만큼 쉽지 않은 일이라고 하더라고요. 그만큼 그 노하우를 아무도 알려주려 하지 않고, 알려준다고 하더라도 매우 고가의 강의로 비법인 양 전달하는 이들이 훨씬 많습니다. 또한 엄청난 노하우가 있는 것처럼 유혹하는 카페 마케팅 관련 고가의 전자책도 판매됩니다. 하지만 그 실체를 알면 실망하시는 분들이 많다는 것도 잘 알고 있습니다.

심지어 본인은 카페를 운영 중이지도 않으면서 운영법을 가르친다는 그런 사실이 안타까울 따름입니다. 그러한 강의료 보다 극히 적은 비용으로 이 책을 읽는 여러분은 카페 상위노출과 카페 운영 방법 절반 이상의 노하우를 알게 되실 겁니다. 이것이 사실 이 책을 쓰게 된 가장 큰 이유이기도 합니다.

그렇다면 왜 '네이버 카페'일까요? 우리나라의 인구수는 약 5천만 명이 넘습니다. 그런데 네이버에 가입된 인구 수는 얼마인지 아세요? 4천만 명이 넘는다고 합니다. 한 달 평균 네이버를 이용하는 건 1천만 명이 넘고요. 네이버 카페 이용자 수는 한 달에 약 513만 명이라고 합니다. 나중에 다시 자세히 설명하겠지만, 국내 포털 사이트 중 네이버의 시장 점유율은 과히 압도적입니다. 우리는 습관적으로 네이버에서 검색하지요. 장사는 목이 좋아야 한다는데, 커뮤니티 역시 많은 사람이 모여드는 곳에 자리를 잡아야 하는 이치와도 같습니다.

　네이버 카페를 한 마디로 말하면 '커뮤니티'입니다. 그런데요. 커뮤니티를 만드는 공식이 있을까요? 그런 공식이 있다면 누구나 온라인 건물을 뚝딱 지을 수 있겠지요. 공식은 없지만 적어도 쉽게 따라서 진행하면 기본 골격은 만들 수 있습니다. 나머지는 어떤 재료로 어떤 사람들이 오고 가는 커뮤니티를 만들지 기획을 덧붙여야 합니다. 이 책에서는 그 커뮤니티의 골격을 만들고, 어떤 기획을 진행할지, 그러한 콘텐츠가 어떻게 알짜배기 부업의 역할을 하는지, 수익화는 어떤 방법으로 이루게 되는지 등을 다룹니다.

　이 책의 파트1에서는 왜 여전히 네이버 카페가 수익화를 내는 가치 있는 돈나무인지에 관해 설명합니다. 다른 매체에 비해 어떠한 강점이 있는지를 소개합니다. 파트2에서는 실전 창업에서 알아야 할 개념에 관해 알려드립니다. 처음에는 다소 어렵게 느껴지실 수도 있지만, 대략만 이해하고 제가 제시한 실천법을 따라하다 보면 운영의 ABC를 익히는 데는 문제가 없을 것입니다. 파트3과 4는 아마도 실제 운영 중이신 분들이 제일 궁금해하실 부분으로 '회원 수를 늘리는 법과 온라인 카페 수익화'와 관련된 설명입니다. 지금 만약 카페를 운영 중이시라면 이 부분만 집중적으로 읽어보세요. 그러면 아이디어를 얻어, 더 좋은 결과로 이어질 것입니다. 사실 온라인 마케팅에 관한 이해를 조금이라도 하고 있다면 '아, 그런 것이었구나' 싶은 부분이 정말 많을 겁니다. 그 누구도 쉽게 알려주지 않았던 부분을 제가 속 시원히 이 책에 쏟아놓은 게 참 많거든요. 부록으로 이미 온라인 카페로 성공 가도를 달리고 계신 분들의 생생한 인터뷰와 더불어 온라인 카페의 부스팅을 위한 프로그램 사용법을 실었습니다. 이 책에서 알려주는 노하우를 잘 활용한다면 월급만큼, 아니 그 이상의 수익을 내는 든든한 '나만의 온라인 건물'을 머지않아 갖게 되실 것입니다. 물론 노력이 필요하고 시대의 흐름을 잘 읽는 운도 따른다면요.

"잠자는 동안에도 돈이 들어오는 방법을 찾아내지 못한다면 당신은 죽을 때까지 일해야만 할 것이다."라는 워런 버핏의 말도 있습니다. 앞서 언급한 명언의 네거티브 버전 정도 되려나요? 오히려 이 말이 더 확 와닿지 않으세요? 저만 그런가요? 이 책을 계기로 온라인 커뮤니티인 네이버 카페가 하나의 시스템으로써 당신에게 자유로운 시간과 수익을 안겨주길 기원합니다.

10년차 마케터, 네이버 카페 운영자

문정수

CONTENTS

PART 1

왜 네이버 카페는
지금도 유용한 돈나무 시스템일까요?

PART 2

온라인 카페 만들기와
운영의 기초부터 핵심까지

(카페 운영 기초편)

(카페 운영 상급편)

PART 3

이것이 바로 카페 회원을 늘리는 비법입니다

PART 4

당신만 몰랐던 온라인 카페를
돈나무로 키우는 법

'한물간 네이버 카페'라는 오해와 착각, 그리고 카페를 둘러싼 가감 없는 실체

"위대한 업적은 대개 커다란 위험을 감수한 결과이다."
- 헤로도토스

네이버 카페는 2004년부터 시작되어 2024년 기준, 20년이 된 플랫폼입니다. 다시 말해서 대한민국에서 20년 동안 운영되고 있습니다. 변화무쌍한 SNS 환경에서 20년이 되었다고 하니, 낡고 오래되어 쓸모없는, 한물간 느낌이 드신다고요?

그런데 오늘도 네이버는 사용하고 계시지요? 네이버에서 그런 느낌을 받고 계시나요? 구글이나 유튜브의 빠른 성장세 탓에 다소 신선함을 잃은 건 사실입니다만, 네이버도 늘 새로운 시도 속에 있습니다. 최근 인터넷 방송 플랫폼도 만들었고, 블로그 또한 부업으로 여전히 주목받고 있습니다. 독자분들 중에서 스마트스토어를 한 번이라도 쓰지 않는 분이 계실까요? 네이버는 이처럼 여전히 우리나라에서는 독보적인 위치에 있습니다.

요즘은 이웃이라는 개념, 친구라는 의미가 매우 달라진 느낌입니다.

오히려 늘 접속하는 사이트 혹은 커뮤니티에서의 이웃이 더 친근하게 느껴지기도 하니까요. 그런데 밴드나 카카오스토리의 반짝 인기와는 달리, 역시나 같은 주제의 관심사로 뭉친 네이버 카페는 10년 넘게 잘 운영 중인 카페도 수없이 많을 정도로 매우 단단하게 그 자리를 잡았습니다. 이렇게 작은 플랫폼을 적은 비용으로 운영할 수 있는 것이 네이버 카페입니다. 지금부터는 많은 이들이 잘 못 생각하는 카페에 관한 오해를 풀어보고자 합니다.

첫 번째, 네이버 카페는 공들여 관리해도 어차피 없어진다는 착각

그동안 제가 참 많이도 받아 온 질문은 이것입니다. 바로 많은 이들이 시작도 하기 전에 '온라인 카페를 열심히 만들어도 어느 순간 외면당하는 것은 아닌지'를 걱정하더라고요. 하지만 한 번 최적화된 카페는 웬만해서는 풀리지 않습니다. 속된 말로 죽지 않습니다. 물론 최적화된 아이디는 저품질이 금방 될 수도 있습니다. 하지만 어느 정도 일정 궤도에 오른 카페는 쉽게 무너지지 않습니다. 그러므로 공들여 운영한다면 분명히 그 가치를 증명해 줄 날이 있을 것입니다.

두 번째, '온라인 카페는 아무나 시작하는 게 아니다'라는 착각

"온라인 카페, 가볍게 도전하고 무작정 시작하세요." 전 이렇게 말하고 싶습니다. 네이버 카페는 누구나 만들 수 있습니다. 사실 기본 세팅에 걸리는 시간은 30분~1시간이면 가능합니다. 심지어 초등학생도 만들 수 있습니다. 필자가 처음으로 카페를 만든 것은 초등학교 5학년 때였고, 게임 정보공유를 위한 것이었습니다. 게임을 다운받던 웹 하드의 추천기능을 우연히 알게 되었는데, 온라인 카페를 통해 웹 하드 추천인을 받아서 5만 원 정도를 벌었습니다. 당시 가입을 유치한 회원이 100명이 넘었었습니다. 당시 필자가 파트너 마케팅(제휴 마케팅)을 알았다면, 가입 당 최소 1천 원 이상을 받고 결제 당 수수료도 받아서 그때부터 광고를 진행했을 것입니다. 지금 생각하면 좀 아쉽습니다. 웹하드에는 기본페이지에서 제공하는 추천인이 있고 파트너 페이지가 따로 있습니다. 물론 이는 아는 사람이 많지 않지요. 지금은 활발하지 않지만 예전에는 '위드파트너'라는 웹하드 CPA관련 사이트가 있습니다. 궁금하신 분은 좀더 알아보시면 이 또한 수익화의 한 가지 수단이 되겠네요. 온라인 카페는 투자한 시간과 노력만큼 되돌려주는 플랫폼입니다. 앞으로 설명하겠지만 온라인 마케팅의 모든 기법의 집합체이기도 하므로 다른 매체와의 시너지 효과도 분명히 낼 수 있습니다.

세 번째, 비법 강의를 들어야지만 온라인 카페로 수익을 낼 수 있다는 엄청난 착각

필자 주변에는 온라인 카페 운영과 온라인 마케팅으로 성공한 분들이 많습니다. 하지만 그런 분들은 책을 쓸 이유가 없다고 합니다. 신분이 공개되는 것을 그다지 원하지 않기도 하고, 이미 부자이기 때문에 책을 써서 유명해질 필요도 없기 때문이라고들 합니다.

저 또한 디지털 노마드의 삶을 살아가고 있고 상위 5% 안에는 든다고 자부합니다. 그런데도 책을 쓴 이유는 크게 두 가지입니다. 첫 번째, 이 책을 통해 다양한 분들을 만나고 싶고, 온라인 카페에 관한 내공이 없는, 다시 말해 제대로 운영도 해보지 않은 이들이 책을 쓰거나 강의하는 것이 너무 못마땅하기 때문입니다.

다시 말해, 본인이 영어 강사면 토익 990점은 기본으로 있어야 된다고 생각합니다. 경험도 없이 토익 고득점은커녕 영어도 못 하는 사람이 영어를 가르치는 것처럼, 온라인 카페도 책 한 권 대충 써서 이를 미끼삼아 강의를 홍보하려는 목적이 강한 이들에게 현혹되는 많은 이들을 안타깝게 여기기 때문입니다. 강의를 듣고 공부하는 것은 좋습니다. 하지만 지금 운영하는 온라인 카페가 없는 강사에게 도대체 무엇을 배울 수 있을지 한 번 자문해 보시기 바랍니다. 만약 카페를 운영 중이라고 하더라도 '그 카페로 진짜 수익을 내는지', 아니면 '그 카페를 통해 수익을 내려고 하는지'를 잘 판단하셔야 합니다. 고가의 강의를 듣기 전에 고민해 보시고 강의를 신청하셔도 절대 늦지 않습니다.

PART 1

왜 네이버 카페가 지금도 유용한 돈나무 시스템일까요?

네이버 카페 하나가
수익성 부동산 보다 나은 이유

"고난의 한복판에 기회가 있다."
- 앨버트 아인슈타인

혹시 지금 투잡을 고민하고 계신가요? 아니면 이미 N잡러로 활동 중인가요? 고물가를 쉽게 체감할 수 있는 요즘, 투잡은 선택이 아닌 필수로 강요되고 있는 느낌입니다. 물론 팍팍한 생활 때문에 어쩔 수 없이 해야 할 수도 있지만, 사실 온라인에서의 경제활동은 잘만 한다면 부업이 본업을 넘어서서 이른 은퇴나 경제적인 자유를 얻는 것이 이상하지 않은 시대가 되었습니다. 누구나 손쉽게, 일은 최대한 하지 않고 돈은 꼬박꼬박 입금되는 현실을 원하지요. 그 대표적인 자산은 부동산, 특히 수익형 부동산입니다.

일단 부업으로 '온라인 카페 운영'이 괜찮을지 고민하는 분들을 위해, 부동산 투자와 견주어 보겠습니다. 부동산 투자의 과정은 그리 만만하지 않습니다. 수익형 부동산은 과연 판매자들이 말하는 대로 월급처럼 매달 수익을 안겨줄까요? 근로소득자의 평균 연봉은 그리 높지 않습니다. 특히 금리 인상은 부동산 투자의 최대 복병이지요. 무리한 대출을 받게 되면 집값이 유지되어도 적자가 될 수 있고, 언제 오를지 모르는 부동산 가격을 무한대로 기다릴 수도 없는 노릇입니다.

그렇다면 온라인 건물주와도 같은 '온라인 카페 운영'은 어떨까요? 대다수의 온라인 비즈니스가 그렇지만 네이버 카페 또한 특별히 큰 자본이 들지 않습니다. 이는 매우 매우 중요한 장점이지요. 게다가 앞서 말했듯 누구나 할 수 있습니다. 공부요? 머리 아픈 경매공부, 입지 분석할 열정이 있다면 저는 이 책 3번 정독하고 운영 중인 SNS와 시너지를 내기 위해서라도 온라인 카페를 당장 만들겠습니다.

만약 기획력과 트렌드를 읽는 눈이 더해진다면 속 썩이는 아르바이트생이나 물가 상승 고민 없이 속이 편하게 '나만의 튼실한 돈나무 시스템'을 얻게 됩니다. 그래도 여전히 아직은 '온라인 카페 운영, 뭐 돈 되겠어?'라는 마음이 드신다고요? 괜찮습니다. 이 책을 다 읽고 나서 운영의 여부는 천천히 결정하셔도 됩니다.

그렇다면 이쯤에서 '왜 네이버 카페가 수익성이 좋다는 걸까?'라는 의구심이 드실 겁니다. 그리고 왜 부업으로 네이버 카페가 괜찮은지 알고 싶으시지요? 나중에 자세히 설명하겠지만 저는 자동차 관련 카페도 운영하고 있는데요. 수익은 '타이어, 신차 패키지 등 업체를 유치했다가 딜러와 CPA 계약(신규고객 DB 마케팅)을 체결하거나, 공동 구매로 직접 물건을 판매하거나, 자동차 회사와 광고 계약을 체결하는 것으로 냅니다. 그런데 저는 대다수의 사람과 다르게 오프라인보다 온라인을 먼저 접해서인지 온라인에 대한 싫증이 많이 나 있었던 적이 있습니다. 누구나 자기 직업이 가진 장점보다는 단점이 크게 다가오는 법이니까요. 그래서 1천만 원 미만으로 저가 창업이 가능하다는 말에, 여러 프랜차이즈를 찾았었고 모 업체는 실제로 창업설명회에 참석하기도 했습니다. 당시 지인 중 인테리어를 전문적으로 하는 업자 분이 계셔서 이런 고민을 털어놓았더니, 그런 저가 브랜드 카페 사업이야말로 아르바이트생들의 급여를 주기 위한 것이라면서 극구 만류하셨습니다. 한 마디로 경쟁은 치열하고 수익성은 좋지 않으며, 시간에 얽매이는 최악의 조건이라는 것이었습니다. 다른 건 몰라도 '일 때문에 시간을 자유롭게 쓰지 못한다'는 그 한마디에 저의 마음도 식어버렸습니다.

부동산 투자는 어떨까요? 만약 당신이 부동산 열풍이 불 때 하남에 위치한 오피스텔을 매수했다고 가정해 보겠습니다. 그런데 계속 공실이 지속되어서 파산했다고 가정해 봅시다. 너무 비관적인가요? 그렇다면 서울 마포구 공덕동에 있는 오피스텔 2억 원짜리를 매수했다고 합시다. 보증금 1천만 원에 월세 100만 원을 받을 수 있습니다. 2억 원을 그냥 현금으로 매입했다고 한다면 2024년 현재 기준, 은행 금리가 대략 4%이지요. 가만히 있어도 8백만 원이 나오는데 100만 원의 월세를 받으면 1천2백 원을 받습니다. 세금은 논외로 하더라도 400만 원만 더 버는 셈입니다. 하지만 부대비용이 있지요. 바로 부동산 중개료입니다. 당신의 오피스텔은 절대 공실은 나지 않는다고 가정할 때 400만 원을 더 받는 것뿐입니다. 그런데 오피스텔과 같은 수익형 부동산 가격이 지금보다 더 오른다고 장담할 수 있을까요? 저는 이미 오를 대로 올랐다고 봅니다. 핵심지인 강남이 아닌 이상 더는 오를 성장 모멘텀은 거의 없습니다.

그렇다면 온라인 카페는 어떨까요? 먼저 말씀드릴 것이 월 수익이 발생하는 카페는 거의 판매되지 않습니다. 한 번은 월 1천만~2천만 원의 수익이 나오는 온라인 카페를 20억 원에 사고 싶다는 상황을 지켜보았습니다. 당시 카페 소유자는 50억은 받아야 한다고 말하더군요. 그래서 저는 20억 원이면 괜찮은 협상 금액이 아닌지 되물었습니다. 그랬더니 그 카페 운영자는 "세금을 반 정도는 내야 해서 팔고 싶지 않습니다."라고 말했습니다. 더불어 "온라인 카페는 앞으로 그 브랜드가 발전하는 한 유지되거나 발전할 텐데 왜 팔아요."라고 하시더라고요. 물론 그 브랜드의 인기는 시들해질 수도 있다는 위험은 있습니다. 한방에 수익을 내는 것도 나쁘지 않은데 싶기도 했고요. 하지만 저에게 그런 제안을 했다고 해도 막상 운영자 입장이면 못 팔았을 것 같습니다.

앞으로 자세히 설명하겠지만 온라인 카페로 수익을 낼 수 있는 모델은 다양합니다. 오피스텔은 월세수익을 받을 수 있지만, 결국 건물은 점점 노후화됩니다. 은행이자는 이자만 받는 거라서 운영의 재미가 없습니다. 하지만 온라인 카페는 '광고, 제휴, 제품 판매, 퍼스널브랜딩 등' 마치 보물창고처럼 성장 가능성이라는 매력이 있습니다.

결국 저는 오프라인 사업 계획은 접고 '온라인 사업에 집중하자'라는 결론을 냈습니다. 마진(이윤) 측면에서 '온라인 사업은 오프라인 사업과는 비교할 수 없는 고수익 사업이기 때문이었습니다. 이윤도 이윤이지만, 사람에 대한 스트레스가 거의 없고, 재고를 부담할 필요도 없는 최고의 돈나무니까요.

정신적인 수익과 물질적인 수익 면에서 볼 때, 온라인 카페 사업은 한 번만 제대로 배우면 경험치가 쌓이면서 마케팅 능력은 덤으로 따라옵니다. 여전히 '그래도 대세는 유튜브인데 너무 시대에 떨어지는 것 아닌가?'라는 의구심이 사라지지 않으신다고요?

중요한 것은 네이버 카페, 유튜브, 인스타그램이라는 온라인 생태계 중에서 나라는 사람과 어떤 플랫폼이 가장 잘 맞는지, 내가 하는 사업을 좀 더 성장하게 하기 위한 마케팅 툴로 무엇이 더 필요한지를 파악하는 것입니다. 비록 첫 시작에 에너지가 좀 많이 드는 플랫폼이라도 일단 안착하면 마치 건물주처럼, 시간적인 여유를 맘껏 누리고 싶은지, 아니면 늘 올릴 콘텐츠 아이디어를 고민하고 영상을 제작하는 수고를 할지 한 번 고민해 보시기 바랍니다. 그리고 이를 분리해서 생각하실 필요는 없습니다. 지금 운영 중인 SNS의 보완 역할을 하는 게 또 온라인 카페이기도 하니까요. 가장 좋은 것은 같은 주제의 주된 SNS의 보완 역할로 카페를 시작하여 그 크기를 키워나가는 것입니다. 그것이 카페의 활성화와 다른 SNS를 위해 시너지를 내어 줄 것입니다.

네이버 카페,
왜 여전히 기회의 땅으로 여겨야 할까요?

**"믿음에 굳게 선 사람에게는 어떤 설명도 필요치 않다.
그러나 믿음이 없는 사람에게는 어떤 설명도 가능하지 않다."**
- 토머스 아퀴나스

누적 개설 1천200만 개, 가입자 10억 명

이는 2024년 현재, 20주년을 맞이한 네이버 카페의 개수와 가입자 수입니다. 이는 실로 어마어마한 숫자입니다. 게다가 코로나19 팬데믹 이후 최근 3년 동안 네이버 카페의 10대 사용자가 증가했다고 합니다. 2023년, 카

페 합산 사용자 증가율은 전 연령대에서 10대가 가장 높았습니다. 2030세대의 2020년, 2021년 WAU(주간이용자 수)가 각각 5%, 8% 증가하는 동안 10대 사용자는 같은 기간 52%, 30% 증가했다고 합니다.

그런데도 여전히 카페가 진부하게만 느껴지시나요? 그뿐만 아니라 10대 사용자 카페 방문, 게시글·댓글 작성 등 활동성 또한 2019년 대비 3배 증가하며 카페 활동에 적극적으로 참여하고 있습니다. 물론 10대 사용자가 참여하는 카페는 주로 '게임, 교육, 연예 카테고리 순서'라고 합니다. 네이버 카페는 특정 주제와 관심사를 가진 사용자가 모여 소통하고 정보를 교환하는 체계적인 커뮤니티 서비스임이 확실히 체감됩니다.

이처럼 2019년까지 40대보다 낮았던 20대의 WAU가 2020년을 기점으로 40대를 추월하는 등, 카페에는 트렌드에 민감한 젊은 층 사용자들이 유입되고 있습니다. 이들을 중심으로 네이버 카페의 전체 WAU도 2018년 1600만 명에서 2019년 1800만 명(11.5% 상승), 2020년 1900만 명(6.2% 상승), 2021년 2100만 명(9.8%)으로 매년 100만 명 단위로 증가했습니다.

그리고 요즘은 유튜브 채널 중에서 네이버 카페를 개설하는 곳이 증가하는 추세입니다. 유튜브 채널뿐만 아니라 제품을 유통하는 유통사나 제조사에서도 고객들을 유치하는 카페를 운영합니다. 왜 그런 것일까요? '바로 온라인 카페의 회원 간 소통 기능' 때문입니다.

이러한 회원 간 소통으로 콘텐츠가 자동으로 쌓이는 것은 온라인 카페만의 장점이자 운영자의 시간을 자유롭게 해주는 가장 큰 이점입니다. 이렇듯 한 가지 주제로 회원이 모여 있는 공간은 수익화를 이루기가 쉽습니다. 그 제품이나 사람에 관한 관심도가 높은 잠재고객들을 확보하는 셈이니까요.

아무리 영상의 시대라고 해도 '글로 정보를 얻는 기본 소비층'은 늘 있습니다. 블로그와 카페는 영상과는 달리, 글과 이미지를 기반으로 하지요. 여전히 온라인 카페의 의미가 있는 것은 바로 텍스트 기반의 콘텐츠의 가치 덕분입니다. 유튜브를 보다 보면, 댓글에 요약을 해놓는 일이 있지요. 긴 영상을 모두 시청하느니, 요점만 알고 싶은 심리 때문입니다. 온라인 부업 하면 가장 먼저 떠오르는 건 어떤 건가요? 아직도 많이들 블로그부터 떠올리실 텐데요. 블로그는 기본적으로 체험단 활동이나 나의 마켓을 만들어 공구 등 다양한 블로그 비즈니스를 할 수 있지요.

유튜브는 어떨까요? 유튜브 또한 블로그와 비슷하게 체험단과 광고 수익을 낼 수 있습니다. 다만 네이버블로그와 다른 건 오버추어에 대한 광고 수익을 구글은 그나마 운영자에게 많이 배분하지만, 블로그는 네이버가 대부분 가져가는 구조입니다. 물론 블로그나 유튜브는 정말 추천하는 부업이고 대단한 모멘텀이 있는 플랫폼입니다.

하지만 블로그나 유튜브는 치명적인 단점이 있는데요. 아무리 잘 관리하고 있다고 하더라도 나 자신이 움직이지 않는다면 성장은 당연히 멈추고 유지 또한 어렵게 된다는 점입니다. 심지어 나는 괜찮다고 한 일이라도 대중이 나쁘다고 판단하면 하루아침에 나락을 가는 상황도 심심찮게 생깁니다. 하지만 온라인 카페는 한 번만 성공시키면 운영자는 공식적으로 할 일이 거의 없어집니다. 오히려 나서지 않는 편이 더 낫습니다. 그러므로 시간으로부터 자유로운 진정한 디지털 노마드를 원한다면 온라인 카페 운영이야말로 그 어떤 부업 보다 시간의 자유를 보장합니다.

이처럼 자신이 진행할 부업은 어떤 채널이 대세이고 어떤 플랫폼이 성장 중인지로 결정하기보다는 나의 성향과 미래의 나의 모습을 그려보는 것이 좋습니다. 기본적인 수익은 물론이고, 일에 치이고 싶지 않다면, 자유로운 시간을 보장받고 싶다면 과연 어떤 플랫폼을 선택해야 할지 신중하게 고민해보시기 바랍니다.

네이버 카페 또한 물론 초기에는 운영자로서 콘텐츠를 만들고 쌓아가야 합니다. 하지만 커뮤니티의 규모가 커지고 성장할수록 그곳에 모인 회원들이 알아서 콘텐츠를 만들어내는 '스노우볼 효과'가 생깁니다. 다시 말해 운영자가 스스로 일하지 않아도, 회원들이 자체적으로 내 플랫폼 안에서 정보를 공유하며 콘텐츠를 생산해 주는 선순환이 일어나는 것이지요. 이러한 장점으로 대형 커뮤니티 플랫폼 운영자들은 자신들이 일을 거의 하지 않고, 자신이 유명해지거나 신변이 노출되지 않음에도, 커다란 수익을 올릴 수 있게 됩니다. 카페 회원들은 온라인 카페 내에서 이야기하는 것을 즐깁니다. 다시 말해, 경험담을 공유하고 다른 사람들의 이야기를 통해 정보를 얻으며 자신의 판단에 도움을 받고자 합니다. 그렇다면 운영자는 어떤 역할을 할까요? 바로 회원들이 그 욕구를 채울 수 있게 제대로 방향만 잡아 주면 됩니다.

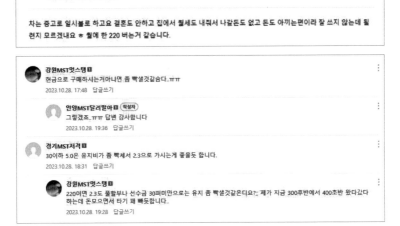

실제 온라인 카페 내 회원 간 댓글

예를 들어 자동차 관련 온라인 카페라면 자신들이 실제로 타고 운전해 본 후기라든지, 구매 정보를 공유하는 등의 모습을 쉽게 찾아볼 수 있습니다. 이런 장점 때문에 온라인 카페의 운영자는 자신이 일하지 않아도 이익을 얻고 자유롭게 시간을 쓸 수 있게 됩니다. 적어도 유튜버들처럼 작은 사건이나 예기치 못한 행동 때문에 '구독 취소를 당한다'는 스트레스에 시달릴 필요는 없습니다.

온라인 카페 관리에 필요한 시간, 하루 1시간

"대부분의 사람들에게 가장 위험한 일은
목표를 너무 높게 잡고 거기에 이르지 못하는 것이 아니라,
목표를 너무 낮게 잡고 거기에 도달하는 것이다."
- 미켈란젤로

"단기간에 부자가 되기 위해서 먼저 필요한 건 자본금, 인맥, 경영과 영업 능력 그 어느 것도 아니다. 이른 나이에 일찍 부자가 되기 위해 우선 필요한 건 바로 '부자가 될 확률이 높은 비즈니스 분야를 선택하는 일이다."

이는 《초고속 부자들의 내공》의 저자의 주장입니다. 사실 똑같은 노력과 투자를 한다면 더 부자가 될 가능성이 높은 분야에서 사업을 하는 게 부자되기에 유리하지요. 이 책의 저자 또한 대학생 시절, 이미 부자가 될 확률이 높은 투자에 발을 디뎠고, 이를 바탕으로 독립 후 개인적으로 투자 사업을 해 성공을 거두었으며, 이와 함께 부자가 될 확률이 높은 분야인 식품 제조 판매유통업을 했기에 성공할 수 있었다고 합니다.

이처럼 우리는 부자가 될 확률이 높은 분야에서 일을 해야 초고속 부자

가 될 수 있습니다. 저자는 극히 평범한 사람이고 집안 배경도, 두둑한 자본금도 없었다고 합니다. 이런 그가 소개한 평범한 사람들이 적은 자본금과 인력으로 접근해 초고속 부자가 될 수 있는 비즈니스 분야로 게임(온라인·모바일 게임), 플랫폼(페이스북·우버·라인·카카오·인스타그램·유튜브), 투자(주식·부동산) 발명, 영업(세일즈·네트워크 사업), 음식 사업(음식 제조 및 외식업), 1인 방송(유튜버)을 들었습니다. 여기서 바로 온라인 카페 커뮤니티는 '플랫폼 사업'에 해당하는 것이지요. 빨리 부자가 되고 싶고, 그런데 자금도 인맥도 없고 관련 분야 경력이 짧다면 이 일곱 가지 비즈니스에 집중해 보라고 조언합니다.

저 또한 저자의 말에 적극 동감합니다. 만약 제가 처음 사회에 첫발을 내디딘 분야가 온라인 마케팅이 아니었다면, 지금은 완전히 다른 삶을 살고 있을지도 모릅니다. 특히 저는 자유로운 삶을 그 누구보다 지향하거든요.

온라인 카페 수익원 중 하나인 광고는 운영 중인 카페가 독보적인 경쟁력을 갖고 있습니다. 따라서 고객(광고주)의 문의에 바로 답변해 줄 필요가 없습니다. 당연히 직장인처럼 다음날 출근 때문에 일찍 자고 휴식을 취할 필요가 없습니다. 그저 제가 하고 싶은 만큼 일하고 일정을 조율하면서 살아갑니다. 단지 요즘에는 PT나 굳이 미팅이 필요하진 않지만 만나서 배워볼 수 있는 미팅 등과 같이 일부로 시간 제약을 거는 약속을 잡기도 합니다. 단지 이는 너무 자유로우면 게을러질까 봐 일부러 하는 일입니다.

그렇다면 온라인 카페 관리에 필요한 시간은 하루 어느 정도라고 생각하세요? 맞습니다. 이 챕터 제목이 말해주듯 바로 '한 시간'이면 됩니다. 물론 이는 저처럼 어느 정도 안정적인 운영자가 되었을 때 들이는 시간이긴 합니다. 광고 제의를 받아 검토하고, 디자이너에게 가끔 배너 디자인을 의뢰하거나, 카페 회원들에게 단체 메일을 발송하는 일들, 이 모든 것이 사실 한 시간 안이면 다 끝나니까요.

카페를 세팅하는 일은 어떨까요? 이미 블로그나 유튜브를 하시는 분들은 어느 정도 아시겠지만, 기본 세팅은 사실 30분이면 끝납니다. 그만큼 시간이 많이 드는 일이 아닙니다. 가장 중요한 것은 '시간 투자'라기보다는 어떤 방향성으로 어떤 전략을 가지고 시작하느냐, 그리고 얼마나 꾸준히 이 일을 할 수 있느냐입니다. 그러므로 이 부분에 대해서는 처음에 치열하게 고민하고 방향성을 잡아야 합니다. 자기 에너지의 방향을 긍정적으로 사용하기 위해 가장 중요한 타이밍이라고 할 수 있습니다.

그런데 만약 이미 너무 많은 시간을 본업과 다른 부업에 쏟아붓고 있어서, 하루 한 시간을 카페 관리에 쓸 수 없으신가요? 그렇다면, 아예 시작하지 않는 것이 더 바람직합니다. 시작해 놓고 관리하지 못하는 찜찜함과 괴로움은 마치, 헬스클럽에 가입하고 가지 않아서 점점 자기합리화하는 것보다 더 괴로울 수도 있으니까 말입니다.

모든 일은 '연속성, 지속성, 성실성'을 바탕으로 해야 합니다. 그런데 그런 각오와 노력도 없이 온라인 건물주가 된다니요. 하지만 적어도 내 인생에서 한 시간 정도 매일 투자할 수 있다면 온라인 카페 운영이라는 돈나무를 가꾸어보기를 추천합니다. 그렇다고 해서 하루 중 한 시간을 온전히 컴퓨터 앞에 앉아서 집중하라는 말도 아닙니다. 지하철에서 휴대전화로도 할 수 있고 점심시간이나 자투리 시간에 잠깐씩 관리할 수 있으면 됩니다. 하지만 딱 한 가지만큼은 기억하시길 바랍니다. 그러한 관심을 지속해서 유지해야 합니다. 어찌 보면 부자와 그렇지 않은 자의 가장 큰 차이는 올바른 방향성을 가지고 누가 더 끈질기게 지속하고 실천하는가에 달려 있습니다.

네이버 카페 운영 알짜 팁

키워드를 이용한 포스팅 방법

첫 번째, 키워드를 하나만 공략하는 것 보다는 여러 키워드로 공략하는 것이 유리합니다. 두 번째, 너무나 당연한 말이지만 포스팅은 많이 할수록 좋습니다. 세 번째, 해당 키워드로 네이버 검색 시, 노출되는 영역을 순서대로 포스팅하는 것이 좋습니다. 네 번째, 카페만 공략하는 것보다는 '블로그', '카페','지식in' 등에 골고루 노출하는 것이 좋습니다. 다섯 번째, 자신의 시간과 능력을 쓸 수 있는 범위 내에서 검색 1위를 할 수 있는 키워드를 선정하여 노출하려 노력하는 것이 중요합니다. 마지막으로 인기가 너무 많은 키워드는 경쟁이 심하기 때문에 피해야 합니다.

모든 마케팅의 시작은 온라인 카페이고 끝도 온라인 카페입니다

"성공하는 사람은 남들이 던진 벽돌로 견고한 기초를 쌓는 사람이다."
- 데이비드 브링클리

아프니까 사장이다 [소상공인·자영업자·창업] 대표
소상공인 자영업 창업 커뮤니티
주제 경제/금융 > 취업/창업   멤버수 1,550,322
랭킹 숲   새글/전체글 1,276 / 1,372,608

〈아프니까 사장이다〉 멤버 수 및 현황

〈아프니까 사장이다(cafe.naver.com/jihosoccer123)〉라는 카페 다들 들어 보셨지요? 지금 이 카페는 자영업자 관련 커뮤니티로 부동의 1위를 고수하고 있습니다. 위의 카페는 필자가 처음 보았을 때 2만 명대 카페로 시작한 걸로 기억하고 있는데요, 그렇다면 어떻게 이렇게 빠르고 엄청난 성장을

자영업자들이 관심 있는 정보 제공 포스팅

하게 된 것일까요?

〈아프니까 사장이다〉 카페가 성장한 배경에는 물론 좋은 타이밍도 있
었지만, 바로 꾸준한 '블로그 광고'에 그 비결이 있습니다. 세금과 창업에
관한 키워드로 상위노출을 해놓고 카페 홍보를 하고 있거든요. 이렇게 하
는 이유는 자영업자분들이 이런 분야에 관심이 있기 때문입니다. 카페에
방문자가 관심이 있어 할 만한 키워드로 노출을 해놓으면 더 많은 정보를
얻기 위해 카페를 거부감 없이 방문하게 되겠지요.

블로그를 이용한 이유는 〈아프니까 사장이다〉가 처음 시작할 때 당시
네이버 노출탭은 view(뷰)로 통합이 되어 있었습니다. 2024년 9월 기준,
블로그, 카페 탭으로 분리가 되어 있긴 하지만, 그래도 대부분 키워드 검
색 시 네이버 상단에 노출되는 알고리즘이 카페보다는 블로그가 더 상위
에 노출되기가 쉽기 때문에 블로그 글을 많이 작성하는 것입니다. 그래서
블로그를 통해 카페로 유입이 됩니다. 관심이 있으시다면 다음 페이지의
URL을 참고해 주세요.

https://blog.naver.com/dbstmddk818/223412854389

https://blog.naver.com/kobong226/222884788583

다음으로 유튜브를 통해 카페를 홍보하는 방법은 두 가지입니다. 한 가지는 유튜버인 본인이 카페를 운영하는 방법이고, 두 번째는 유튜버에게 광고를 의뢰하는 것입니다.

유튜버 짱구대디 메인화면

유튜버 구독자가 50만 명인 패션 유튜버인 〈짱구 대디〉의 사례를 살펴

네이버 카페 수익화 마스터 클래스

볼까요? 그는 패션에 관련된 유튜브만 올리는 것이 아니라 하단에 카페 링크를 통해 카페로 사람들을 유입시키고 있습니다. 유튜브를 보면 50만 구독자에게 맞지 않는 조회 수가 나오긴 하지만, 카페로의 유입을 통해 지속 가능성을 높이고 있는 걸 볼 수 있습니다.

조회수 11,296회 2024. 4. 14. #봄 #하울 #쇼핑
✓해당 영상은 협찬 및 PPL과 관련이 없음을 알려드립니다☺

네이버 카페 ▷ https://cafe.naver.com/zzang9daddy
PRTPRTSHOP ▷ https://prtprtshop.com
내 악세사리&티셔츠 브랜드 ▷ http://etce.kr/
컨텐츠 공유 블로그 ▷ https://blog.naver.com/gwanrimen

광고, 협찬 및 모든 문의는 아래 메일로 보내주세요, 감사합니다!

광고 및 협찬 문의
유튜브) ad@truz.business
카페) gwanrimen@naver.com
시딩, 증정) contents@truz.business

#봄 #하울 #쇼핑

유튜버 짱구대디 영상 설명란

Z9˚DY
짱구대디랑 - 패션 커뮤니티
짱구대디와 함께하는 패션 커뮤니티입니다. 데일리룩 / 세일 정보 / 발매정보 등 다...
주제 패션/미용 > 의류   멤버수 377,718
랭킹 나무4단계   새글/전체글 50 / 480,805

〈짱구대디〉 카페 멤버 수 및 현황

〈짱구대디〉 사례를 통해 내가 하는 사업과 주제를 카페로 연관시키게 된다면 회원 수를 더 쉽게 늘릴 수 있다는 사실을 알게됩니다. 본인이 유튜버를 하기에는 부담이 되거나 역량이 부족하다고 판단된다면 유튜버

를 섭외하여 제휴 형태로 진행하면 됩니다. 만약 자동차 카페를 운영한다면 자동차관련 유튜버를, 패션이면 패션 유튜버를 섭외해서 광고를 의뢰하는 것이 좋습니다. 대부분의 유튜버는 자신의 연락처를 남기기 때문에 어렵지 않게 컨텍할 수 있습니다. 유튜버는 조회 수보다는 외부 광고 진행이나 활동으로 수익을 내기 때문입니다. 이처럼 카페를 홍보하기 위해서는 다른 플랫폼 운영이나 제휴가 필요합니다.

유튜브는 정보를 찾는 채널의 성향과 SNS 성향을 동시에 지니고 있지만 시청자끼리의 소통에는 한계가 있습니다. 이 부분을 보완할 수 있는 것이 바로 네이버 카페이고요. 네이버 카페에서 팬들끼리 소통하면서 더욱더 팬덤을 응집하게 합니다.

〈핏더사이즈〉카페 멤버 수 및 현황

유튜브 인플루언서 중 네이버 카페를 잘 활용하는 곳으로 '핏 더 사이즈'가 있습니다. 구독자가 약 76.3만 명 정도인데, 네이버 카페의 회원 수는 약 19만 명입니다. 이 카페에서는 유튜버의 구독자들끼리 서로 패션을 주제로 소통하며 활발하게 교류합니다. 핏 더 사이즈도 기업 협찬 광고 진행 시 유튜브 콘텐츠에 더해 카페 회원들에게 쪽지, 이메일을 통해 알릴 수 있는 장점이 있습니다. 또한 카페 회원들과 함께 콘텐츠를 만들어 나가는 구독자 이벤트도 활발하게 진행합니다.

이처럼 블로그나 유튜브를 통해 카페 회원을 제 3플랫폼에서 끌어모을 필요가 있습니다. 결국 모든 SNS는 유기적으로 결합할 때 시너지가 납니다. 아무리 유튜브가 대세라고는 하지만 사람이 모이는 곳에서 돈도 움직입니다. 이처럼 모든 마케팅의 시작과 끝은 온라인 카페입니다.

PART 2

온라인 카페 만들기와 운영의 기초부터 핵심까지

카페 운영 기초편

운영 방향 –
나는 어떤 주제와 형태의
카페를 운영하면 좋을까요?

"모든 사람은 창의적이다. 그러나 익숙한 것에 머물러 있는 동안은 혁신적 아이디어가
자라지 않는다. 항상 해오던 일을 하면 항상 얻던 것만 얻을 수 있다."
- 베이컨

이제 온라인 카페의 운영에 긍정적인 관심이 생기셨나요? 그렇다면 카페 주제는 어떻게 정해야 할까요? 이미 한 분야에서 영업하고 계신 분들이면 상관이 없겠지만, 신규로 카페 운영을 해보고자 하시는 분들에게는 가장 중요한 결정 사항이겠지요.

저 또한 "어떤 주제의 카페를 운영할 때 수익성이 좋을까요?"라는 질문을 가장 많이 받습니다. 하지만 아무리 제가 온라인 마케팅 전문가라고 할지라도 무엇이 가장 돈이 되는 주제인지를 족집게처럼 콕 집어서 알려드릴 수는 없습니다. 가장 중요한 것은 '자신이 가장 관심이 많은 분야' 그리고 '지금 하는 일과 연계할 수 있는 분야'입니다.

자신이 자동차 영업사원이라면 특정 브랜드의 자동차 카페를 고민해

보거나, 영업하는 이들의 정보의 장 혹은 관련 업계와 관련하여 교육을 진행하는 카페 등을 고민해 볼 수 있습니다. 평범한 직장인이라면 취미에 관련된 카페를 운영하거나, 퇴사를 염두에 둔다면 자기 경력을 최대한 살릴 수 있는 분야가 좋겠습니다. 만약 학생이라면 자신의 전공을 토대로 지식을 전달하는 카페도 좋습니다. 계속 강조하지만 가장 중요한 건 '자신이 좋아하거나 흥미 있는 분야의 카페'입니다. 이에 관해 조금 더 자세히 설명하겠습니다.

먼저 자신의 관심사가 가는 주제와 지금의 트렌드와 겹치는 교집합적인 부분에 집중합니다. 만약 신규로 카페를 운영하기 시작한다고 한다면 나의 관심사 중에서도 앞서 말한 트렌디한 주제의 공통 분모에 집중하는 것이 좋습니다. 아무리 내가 관심을 가진 분야라도 해도, 대중의 관심이 적으면 당연히 사람이 모이는 데에는 한계가 있습니다. 반대로 트렌디한 주제라 하더라도 나의 관심이 거의 없다면, 운영에 대해 동력이 나오기가 힘듭니다. 그러므로 겹치는 주제를 잡는 것이 좋겠지요.

두 번째, 주제별로 잘 나가는 카페에 가입하여 활동하여 봅니다. '보통 회원 수가 많고, 카페 등급이 높으며, 게시글이나 댓글이 많을 때' 카페의 활동성이 좋다고 여깁니다. 실제로 운영이 활발한 카페는 게시글 당 조회 수가 적어도 50~100회 이상 꾸준히 되는 곳입니다.

특히 주제별 카페에서 급상승 TOP100과 TOP100 카페에 주목해 보기 바랍니다. 예를 들어 애견관련 카페를 운영하고자 한다면, 카페의 주제에 가서 그 하위 분류인 세부 주제를 살펴보기 바랍니다.

이렇게 주제를 세분화하고 적합한 주제에 따라서 카테고리를 정하는 이유가 있습니다. 물론 경쟁이 심한 주제는 점수가 올라가더라도 급상승 리스트에는 노출되지 않을 수도 있거든요. 하지만 그렇지 않다면 쉽게 노출될 것이니 걱정하지 않으셔도 됩니다.

또한 주제를 정할 때는 대규모 카페보다는 급상승 TOP100 카페 중에서 '회원 수는 적어도 회원들이 활발하게 활동하는 카페'를 잘 살펴보시기를 바랍니다. 그리고 왜 이 카페가 급상승 카페에 선정되었을지를 분석해 보세요. 이렇게 자신이 운영하고자 하는 카테고리 내의 활발히 운영 중인 다른 카페를 살펴보면, 운영의 감각도 익히면서 자신의 운영할 카페의 주제를 찾는데 실마리를 얻을 수 있게 됩니다.

하지만 만약 트렌드에 민감하고, 어느 정도 온라인 마케팅 실무에 자신 있는 분이라면, 시의적절한 이슈의 카페를 만드는 것도 추천합니다. 비트코인이나 정치관련 이슈 카페처럼요. 마지막 인터뷰에서 소개할 것이지만, 요소수가 귀했을 당시 '요소수 카페'를 개설해서 1년도 안 되어서 8천만 원의 수익을 낸 분도 있습니다.

이처럼 '시사성을 반영한 키워드에' 주목하는 것도 좋습니다. 특히 2019년, 코로나19 확산을 기점으로 내부 활동이나 국내 여행, 반려동물, 셀프 인테리어, 플랜테리어, 홈베이킹/홈바리스타, 등산/캠핑/골프/낚시, 게임 등 개인/소규모 활동 중심 카페 활동성이 급속도로 높아졌다고 합니다. 이어 엔데믹으로 전환되면서부터는 외부 활동 중심 카페들이 활기를 띠고 있지요. 특히 국외 여행 수요가 폭발함에 따라 국외 여행 카페 신규 가입 수는 4.5배, 게시글·댓글 수는 3.5배 늘어났고, 수영·테니스·배드민턴 등의 레포츠 카페 신규 가입 수는 2배, 게시글·댓글 수는 2배 증가했다고 하니 이런 흐름도 참고하면 좋습니다.

요찾사 (요소수를 찾는 사람들)
요소수 대란 극복을 위한 요소수 정보를 공유합니다.
주제 스포츠/레저 > 자동차　　멤버수 1,031
랭킹 씨앗3단계　　　　　　　새글/전체글 0 / 1,127

〈요찾사〉카페 멤버 수 및 현황

배달세상 :: 배달대행, 쿠팡이츠, 배민커넥트,카카오퀵,퀵서비스
[배달세상] 배달대행/쿠팡이츠 배달파트너/배민커넥트/쿠리어/요기요/카카오퀵/퀵서...
주제 스포츠/레저 > 모터스포츠　　멤버수 237,277
랭킹 숲　　　　　　　　　　　　새글/전체글 2,591 / 2,664,815

〈배달세상〉카페 멤버 수 및 현황

네이버 카페 운영에서 이것만큼은 알아야 할 것이 있다면 무엇일까요?

아무리 하나의 주제로 모이는 카페라고 할지라도 그 안에는 정말 다양한 사람들이 있습니다. 가끔 카페를 보면 이를 새삼 느끼게 됩니다. 가치관, 직업, 거주 지역, 성별, 나이 등이 제각각인 이들의 집합체가 바로 카페입니다. 그래서 분쟁도 생길 수 있습니다. 이때 억울하거나 부당한 대우를 받는 회원이 없도록 운영 정책을 명확하게 설정해야 합니다. 세팅 초기에 완벽하게 이러한 정책을 만들 수는 없겠지만, 일정 기간이 흐르면 다양한 상황에서 생길 수 있는 모든 문제를 한 번 고민해보고, 그러한 일이 생기면 그것에 맞게 어떻게 대처할지를 정해 놓는 것이 좋습니다. 운영자가 운영 정책을 명확하게 설정하지 않으면, 같은 상황이라도 다른 대우를 받게 되어 카페 전반의 신뢰도가 떨어질 수 있으므로 이러한 점은 매우 중요한 운영 포인트가 됩니다.

커뮤니티형? 영업형?-
형태별로 알아보는 카페의 분류

"만족은 결과가 아니라 과정에서 온다."
- 제임스 딘

  온라인 카페는 크게 두 가지 형태로 분류합니다. 바로 '커뮤니티 형 카페와 영업용 카페'인데요. 먼저 커뮤니티형 카페는 무엇일까요? 〈아프니까 사장이다〉혹은 〈부동산 스터디(cafe.naver.com/jaegebal)〉나 소위 말하는 〈맘카페〉와 같이 한 가지 주제에 관해 회원 서로 간 의견과 정보를 교환하는 카페를 의미합니다.

  그렇다면 영업용 카페는 무엇일까요? 바로 '자신이 운영하는 사업을 홍보하는 형태의 카페'를 말합니다. 예를 들어, 중고차관련 카페 혹은 부동산 매물소개관련 카페가 이에 해당합니다. 온라인 카페를 통해서 자신이 대상으로 하는 매물을 올리고, 이에 관해 영업활동을 하기 때문입니다. 이러한 카페에서 판매하는 제품, 혹은 서비스 등의 객 단가는 꽤 높은 편입니다.

이러한 영업용 카페에서 한 단계 더 나아간 것이 바로 '하이브리드형 카페'입니다. 이는 영업 목적의 카페에서 더 나아가 커뮤니티 기능이 강화된 것을 의미합니다. 특히 여행 주제 카페를 검색해보면 이런 형태가 많습니다. 규모가 다소 큰 카페는 커뮤니티 기능도 강하지만 여행관련 상품도 판매하는 하이브리드형이 많습니다. 예를 들어 〈고스트여행(cafe.naver.com/minecraftpe, cafe.naver.com/warcraftgamemap, cafe.naver.com/happyibook)〉 카페, 〈도깨비여행(cafe.naver.com/zzop)〉 카페 등이 있습니다.

물론 회원 간 소통 중심인 커뮤니티형 카페, 운영자 중심의 비즈니스형(영업형) 카페에 이어 다양한 정보를 제공하고 주고받는 플랫폼형으로 구분할 수도 있습니다. 단지 이 또한 반드시 그런 것이 아니라 그러한 성향이 강한 카페를 중심으로 설명하기 위해 구분한 것일 뿐입니다. 그러므로 대개의 카페, 실제로 수익을 내는 카페들은 그 성향이 어느 정도 뒤섞여 있습니다.

일단 카페를 시작하기로 했다면 우선 어떤 느낌의 카페 운영을 지향할지를 결정하시기 바랍니다. 아무래도 개인이 커뮤니티형 카페를 처음부터 시작하는 것에는 무리가 있지만, 이미 유튜브로 많은 구독자를 확보하고 있는 유튜버라면 커뮤니티형 카페를 지향할만 합니다. 조금 더 자세히 각 스타일별로 설명하면 다음과 같습니다.

첫 번째, 커뮤니티 지향형 카페입니다. 사실 카페의 시작은 '커뮤니티에서 비롯되었다'라고 해도 과언은 아니지요. 초기 네이버 카페는 돈을 벌기 위해 시작한 게 아니라, 관심 주제가 비슷한 이들의 소통을 장을 만들고자 카페 기능을 활용했습니다. 그런데 그 규모가 커지고, 그로 인해 수익의 기회가 생기게 되어 지금에 이른 것이지요. 물론 네이버 카페 이외에도 요즘 소규모 밴드나 다른 소통의 장도 있습니다만, 네이버만큼 한 주제로 응집력이 큰 커뮤니티도 없는 게 사실입니다.

셀프인테리어에 관심이 있는 이들이 모여 있는 카페가 있다고 해봅시다. 처음에는 자연스럽게 예쁜 인테리어가 관심이 있어서 구경하거나 자랑하기 위해 카페에 접속합니다. 하지만 결국 자연스럽게 업체나 제품에 관심을 가지게 되겠지요. 그러므로 인테리어 업체와의 제휴 혹은 제품의 공동구매 등 수익화로 자연스럽게 이어집니다.

두 번째, 운영자 중심의 영업지향형 카페입니다. 경매부동산에 관해 강의하는 강사라면 카페를 운영하고 있는 경우가 많습니다. 아무래도 경매는 법률관련 지식이 필요한 분야이다 보니, 관심은 있지만 혼자 공부하는 것 보다는 강의를 듣거나 스터디 모임을 하는 일이 많기 때문에, 관련 카페에 가입하여 공부하거나 정보를 얻고자 하기 쉽습니다. 카페에 가입한 회원들은 잠재적으로 운영자의 강의를 듣게 될 확률도 높아집니다.

또한 관심 있는 자동차 브랜드의 카페를 운영하는 중고차 딜러분들도 있을 겁니다. 오프라인의 매물을 소개하거나, 자신의 차들 직업 매물로 올려 거래를 활성화하는 역할을 카페에서 할 수도 있으니까요. 이렇듯, 오프라인에서 보험상품이나 학원 운영, 미용업계에 종사하는 분들이 온라인 카페를 운영하면서 제2의 영업활동의 장으로 활용하는 것도 좋습니다.

마지막으로 플랫폼형입니다. 이는 정보가 중심일 수도 있고, 단순히 거래중개만 해주는 역할을 할 수도 있습니다. 대표적인 성공 카페가 바로 〈중고나라(cafe.naver.com/joonggonara)〉입니다. 〈중고나라〉는 지난 2003년 설립되어 중고거래 시장을 개척한 업체로 카페 회원 수는 무려 1,841만 명에 달하지요. 단지 한 가지 콘셉트로 운영하여 회원들의 호응을 얻어 이룬 성과입니다. 〈피터팬의 좋은 방 구하기(cafe.naver.com/kig)〉라는 카페도 있지요.

　대략 이렇게 세 가지 유형의 카페 형태가 있지만, 이 모든 유형은 카페 스타일의 이해도를 높이기 위한 것이고 반드시 구분해야 하는 것은 아닙니다. 카페를 운영하는 초기에는 운영자는 관련 콘셉트에 알맞은 글을 쓰고 이미지를 올리는 등의 콘텐츠를 만들어가는 것이 가장 중요합니다. 아래는 좀 더 심화된 설명입니다. 가장 중요한 것은 자신이 가장 필요로 하는 형태와 주제를 잘 찾는 것이겠지요.

커뮤니티형 카페 - 여행 카페, 부동산 스터디

커뮤니티형 카페란 특정 주제에 관해 회원들이 이야기하는 형태를 말합니다. 예를 들어 여행카페는 해당 카페에서 모객을 대행하고 여행지에서 투어비의 일정 퍼센트를 수수료로 받거나, 게시판 광고를 받기도 합니다. 특히 한 번 여행 카페로 잘 자리 잡으면 여행을 갔다 온 사람들이 자발적으로 글 작성을 해주어서 활성화하기가 매우 쉽습니다. 만약 회원들이 글을 올리지 않더라도 여행업에 종사하고 있다면, 고객들을 안내했던 후기 등을 올려주면 콘텐츠는 계속 생성될 것입니다. 〈부동산 스터디〉는 부동산에 관련한 이슈, 투자 이야기나 시세 등 민감한 정보들을 공유하기 때문에 사람들이 많이 접속합니다. 이러한 특정 이슈에 관한 트래픽은 사업자에게 이목을 당기게 하며 주제에 맞는 사업자는 광고를 집행할 수 있어 수익화가 이루어집니다.

플랫폼형 카페 – 농라카페, 옆커폰카페

플랫폼형 카페는 '배달의 민족, 야놀자' 같이 입점업체들의 비용을 갖고 플랫폼 사업을 진행하는 것을 의미합니다. 〈농라(https://cafe.naver.com/tlsxh)〉 같은 경우는 농작물을 판매하는 사람들에게 월 입점료를 받고 사업을 진행하고 있습니다. 〈옆커폰(https://cafe.naver.com/09tellecom)〉도 휴대폰 업장에게 입점료를 받고 사업을 진행하고 있습니다.

하지만 플랫폼 카페는 플랫폼마다 정해진 법률이 있어서 법률을 잘 정하고 들어가는 것이 좋고(업계의 규칙이 있으므로 이를 잘 알아보고 진행해야 합니다) 운영 면에서 커뮤니티와 영업용 카페보다 훨씬 힘든 것이 플랫폼형 카페입니다. 네이버 카페의 정해진 UI를 갖고 플랫폼을 만들어야 하기 때문에 지속적인 발전에 제한이 있습니다. 그래서 대부분 앱이나 웹을 통해 운영합니다. 플랫폼을 만들어야 하기 때문입니다.

영업용 카페 – 발품중고차, 아정당 카페

영업용 카페는 네이버 카페에서 가장 가성비가 좋습니다. 중고차 카페나 〈아정당(인터넷 판매)cafe.naver.com/movedance〉 카페는 하나 판매할 때

마다 객단가가 높기 때문에, 카페 활동이 활발하지 않더라도 실시간 업체 시황 등의 정보를 올려서, 고객들에게 정보를 제공하고 그 정보가 합당하다고 생각하는 고객과의 계약이 성사될 것입니다.

네이버 카페 운영 알짜 팁

초보자를 위한 카페 마케팅 스텝

처음 카페를 시작하는 운영자라면 이 스텝을 따라 해보시기 바랍니다. 카페 마케팅에 특별한 비용이 드는 것은 아니지만, 최소한의 시간으로 최대한의 효과를 내도록 하는 것이 이 책의 목표이기 때문입니다.

먼저 자신의 관심분야를 결정합니다. 이때는 자신의 관심사와 급상승링크의 카페를 참고하여 공통적인 부분이 있는 카페를 만들도록 합니다. 그럴 때 좀 더 활성화가 쉽고, 수익화로 연결되기 쉽기 때문입니다.

두 번째, 벤치마킹할 카페를 3~5군데 정도 정합니다. 그리고 그 카페들의 장·단점을 분석해 봅니다. 이때 카페 개설시 필요한 키워드들이 카페 탭에서 검색되는지에 대한 여부를 충분히 고려해야 합니다.

세 번째, 회원들이 자유롭게 이용할 수 있는 게시판을 만듭니다. 자신이 먼저 콘텐츠를 채워 넣었다면, 회원들이 지속해서 방문할 수 있게, 편하게 글을 쓸 수 있는 게시판을 만듭니다.

네 번째, 회원을 초대합니다. 운영의 초반에는 카페의 회원을 늘리는 것에 집중합니다. 비슷한 콘셉트의 카페를 잘 분석하고 회원으로 활동하면서 자연스럽게 카페 초대를 유도할 수 있는 글을 올립니다.

다섯 번째, 카페의 활성화를 위해 노력합니다. 회원 수가 늘어난다고 하더라도, 회원들이 활발하게 활동하는 것은 아닙니다. 그러므로 어느 정도는 회원들의 활동을 유도해야 합니다. '댓글 이벤트' 등으로 카페 내에서의 참여도를 높입니다.

마지막으로 카페를 체계적으로 관리합니다. 회원 탈퇴를 막기 위해서는 자신의 커뮤니티를 지속해서 관리할 수 있도록 해야 합니다.

카페 시작 기초 가이드 -
카페를 시작할 때 인수할까요?
새로 만들까요?

"인간은 오직 사고(思考)의 산물일 뿐이다. 생각하는 대로 되는 법이다."
- 마하트마 간디

'최적화 카페'라는 말을 들어본 적이 있으신가요? 처음부터 새로 만들면 어느 세월에 회원을 모으고 최적화를 하나 싶어서 많이 주저하게 됩니다. 일단 카페가 노출되어야 회원들이 쉽게 늘어날 텐데 그렇게 되기가 너무 어렵기 때문입니다.

하지만 한 가지 새로 시작하게 될 때의 장점이 있습니다. 바로 돈이 1원도 들지 않는다는 것입니다. 그렇지만 현재 유명 유튜버이거나 사람을 모을 수 있는 힘이 없다면 새로 만들어서 성공하는 건 매우 어렵다고 보면 됩니다. 그 이유는 카페 노출이 안 되기 때문인데요. 이런 이유에서 제3의 플랫폼, 예를 들어 유튜브나 블로그 등에서 사람도 끌어모으기가 어렵다면 새로 만드는 건 추천하지 않습니다. 그러므로 온라인 카페를 인수하는 것이 그나마 둘 중에서는 나은 선택이라고 봅니다. 온라인 카페도 창업한 가게처럼 매매가 이루어지는데요. 인수한 카페에서 운영을 시작하면 이점을 얻을 수 있습니다. 운영되는 카페 가격은 한 번도 내린 적이 없기 때문에 되팔 때도 크게 손해를 보지는 않습니다. 카페 인수 등의 마케팅 거래는 '마장역.com'에서 하면 됩니다.

카페 신규 오픈 가이드

카페를 새로 만들기 전에 주의할 점은 다음과 같습니다. 새로 만드는 걸 비최적화라고 하는데요. 레벨이 1이라고 생각하면 됩니다. 레벨 1이 비최적화면, 레벨 2는 최적화 2, 레벨 3은 최적화 3, 레벨 4는 씨랭크 카페에 해당합니다.

이는 이해하기 편하도록 예를 든 것이고, '레벨 3, 최적화 3, 레벨 4, 씨랭크 카페'가 대부분 노출영역을 차지합니다. 레벨 1과 2 단계의 카페는 노출이 전혀 안된다고 여기면 됩니다. 최적화 3 단계부터 상위노출이 됩니다. 비최적화 단계에서 최적화 2, 최적화 3, 씨랭크 단계까지 올라가는 건 로또 2등 당첨급 행운이라고 생각합니다. 그러므로 제대로 본격적인 부업을 시작한다거나 이미 수익이 나는 사업체라면 지금 시점에서 새로 카페를 개설하는 것은 추천하지 않습니다.

하지만 카페 글 노출이 별로 도움이 되지 않다거나 네이버 노출 보다는 홈페이지 대용으로 가볍게 시작하고 싶은 분들이라면 카페를 새로 개설해 볼 것을 추천합니다. 단 카페로 돈을 벌고 싶고 기본적인 수준에서 경쟁을 하고 싶다면 '최적화 3단계 카페를 인수'해야 합니다. 이는 온라인 카페 시장의 발전 단계상 어쩔 수 없는 현실입니다. 적어도 이런 사실을 숨기고 기초부터 시작해도 얼마든지 돈 벌 수 있다고 강의하는 강사라면 그 자질을 의심해볼만 합니다.

카페를 인수하였을 때의 가이드

네이버 카페를 인수할 때에는 최적화 카페인지 아니면 비최적화 카페인지를 고려해야 합니다. 비최적화 카페는 회원 수가 많은 것을 일부로 사서 제3의 플랫폼에서 회원을 모집하려는 사람들이 있습니다. 하지만 이는 추천하지 않습니다. 비최적화가 최적화가 되기까지의 과정은 거의 불가능하다고 볼 수 있습니다. 온라인 카페를 운영하려면 무조건 최적화로 해야 합니다. 2013년 이전, 혹은 2016년 이전 카페만 최적화 카페이고 그 이후는 최적화가 안 된다는 건 근거가 없는 이야기입니다. 직접 원하는

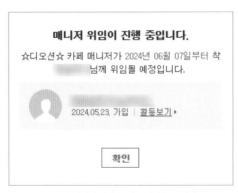

매니저 위임이 진행 중 임을 알려주는 화면

키워드의 글을 작성해 보면 쉽게 확인할 수 있습니다.

　매니저 위임은 위임한 날로부터 보름(15일)이 걸립니다. 매니저 위임은 위임 신청 후 받는 사람이 매니저 위임 수락을 해야 그때부터 시작됩니다. 매니저 위임을 수락하려면 실명 아이디여야 가능합니다. 매니저 위임 수락 시 다시 카페에 들어가면 팝업이 뜹니다. 확인을 누르면 들어갈 때마다 팝업이 뜨는 게 아니니까 주의해 주세요.

　매니저 위임완료가 6월 7일로 보이지만 간혹 6월 8일 새벽 2시쯤에 되는 경우가 있습니다. 7일 날 매니저 위임이 안 되었다면, 8일까지 기다려야 할 때도 간혹 있습니다. 매니저 위임은 도중에 매도자가 임의로 취소할 수 있으니 거래 시에 믿을만한 사람이 아니라면 계약서를 꼼꼼하게 적어주세요. 보통 카페 거래 시 매니저 위임을 시작하는 날 전액을 결제하는 게 보통이며, 서로 신뢰할 수 없거나 불안하면 계약서를 작성하고 위임시작 날 절반, 위임 전날에 절반을 받는 상황도 있습니다. 단 내가 판매자라면 위임 전에 돈을 다 받는 게 중요합니다. 매니저 위임이 완료되고 나서 돈을 못 받았다면 받기가 굉장히 어렵습니다. 네이버에 신고를 해서 카페를 블라인드(정지)시키는 방법이나 경찰에 신고해도 결국 민사 소송을 하는 방법밖에 없기 때문입니다.

　매니저 위임을 완료하게 되면 3개월간 카페명, 주제를 바꾸지 못하기 때문에 매니저 위임이 시작되는 날, 부매니저 권한을 받고 위임기간 내에 카페명과 주제를 꼭 바꿔주세요(카페명 변경은 최초 2회까지 기간과 상관없이 가능합니다). 부매니저는 횟수 제한 없이 다 가능하며 매니저 위임과 부매니저 위임은 한 아이디로 동시에 받는 것이 가능합니다.

실명아이디, 비실명아이디 확인하는 방법

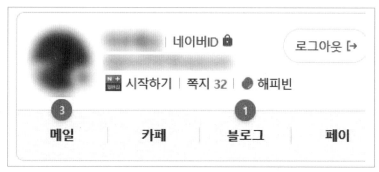

네이버 로그인 화면

이름 옆에 네이버ID를 클릭해주세요. 클릭하면 아래와 같은 사진이 나오는데요. 내 프로필에 이름 옆에 실명인증이 나오면 비실명 아이디인거고, 실명수정이 나오면 실명아이디입니다. 네이버에 처음 가입할 때 휴대폰 번호만 인증받은 아이디는 비실명 아이디라고 하며, 내 명의의 휴대폰으로 인증을 받은 아이디는 실명아이디입니다.

　비실명아이디는 비밀번호를 바꾸면 아무도 찾을 수 없습니다. 예시로 중고차 사무실에서 비실명 최적화아이디를 10개를 구매한 적이 있었는데, 직원이 비밀번호를 다 바꾸고 도망가 버렸습니다. 그 이후에 일은 알 수 없지만 이렇게 되버리면 찾기가 불가능합니다. 그러므로 주의하시기 바랍니다. 실명아이디는 내 명의의 휴대폰만 있으면 비밀번호가 바뀌든

해킹을 당하든 다시 찾을 수 있습니다. 다만 한 개의 명의 당 3개까지 실명인증이 가능하므로 중요한 아이디만 실명인증을 받도록 합니다.

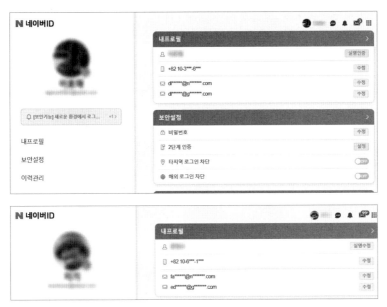

네이버 보안설정 화면

인수할 때의 주의사항은 다음과 같습니다. 네이버 카페는 위임기간이 2주가 걸립니다. 내 아이디로 매니저 위임을 수락한다고 바로 내가 매니저가 되는 것이 아닙니다. 2주간의 유예기간이 있고 그 이후에 됩니다. 예전에는 매니저 위임 시 양도하는 사람의 휴대폰 인증과 유예기간도 없었습니다. 유예기간이 있는 이유는 아이디 비밀번호만 해킹당했을 때 카페까지 뺏기는 걸 방지해 주는 셈입니다. 2주 동안 양도자가 취소할 수도 있으니 카페거래는 직거래나 믿을만한 사람에게 구매하도록 합니다. 2주 안에 매니저 위임과 부매니저 위임을 한 아이디로 받을 수 있기 때문에, 부매니저 권한으로 카페 이름을 꼭 바꿔주세요. 양도 중일 때는 카페명 변경이 가능하지만, 매니저 변경된 후 3개월 동안 카페명을 바꾸지 못합니다. 3개월 이후 바꿀 수 있습니다.

혼자서 카페 관리가 힘들다면 분업은 어떨까요?

필자는 카페에 특화된 마케터이자 경력도 10년이 넘어가다 보니 운영에 큰 어려움이 없습니다. 하지만 아무래도 초보운영자라면 혼자 운영하는 것이 벅찰 수는 있으리라 생각합니다. 만약 카페 규모가 어느 정도 커졌다고 생각된다면 분업화하여 운영해나가는 것을 고민해보시는 것도 추천합니다. 회원 수가 많아지게 되다 보면 다양한 이슈와 분쟁이 일어날 수도 있으니까요.

 한 카페에서 김포시 모 공무원의 신상을 공개하고, 민원에 시달리던 공무원이 사망에 이르는 안타까운 소식이 있었는데요. 당시 카페 운영진은 이 사실을 몰랐기에 '삭제하지 못해 매우 죄송하다'는 사과문을 올린 적이 있습니다. 이처럼 커뮤니티 성격이 강한 카페 내에서는 운영자가 미처 알지 못하는 분쟁이 생길 수 있기에 모니터링 제도의 강화 측면에서라도 카페 운영은 몇 명의 스태프로 진행하는 것이 좋을 수도 있습니다. 매니저, 부매니저, 디자인 스텝 정도면 됩니다. 특히 주의해야 할 점은 부매니저에게는 카페폐쇄, 매니저 위임을 제외한 모든 권한이 있습니다. 그러므로 신뢰관계가 형성된 이들로 구성해야 합니다. 또한 업무를 위임하기 전에 각 스테프 마다의 임무와 보상에 관해 명확하게 결정하고 진행하는 것이 좋습니다. 운영 초기에는 무엇을 제공할 수 있을지 잘 정해야 합니다. 단, 광고성 수익이 들어오는 부분에 관해서는 매니저가 진행하는 것이 좋습니다.

카페 구조 만들기 -
카페 만들어보기

"길이 뚫린 데로 가지 말고 길이 없는 곳에 흔적을 남기라."
- 랄프 에머슨

네이버 카페를 만들기 위해서는 https://cafe.naver.com에 접속을 해주
세요.

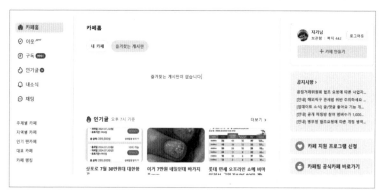

네이버 카페 PC버전 메인화면

우측에 카페 만들기를 클릭해주세요. 카페를 만드는 것이 아닌 가지고 있는 카페 이름과 주제를 변경하고 싶으시더라도 이름과 카페 기본정보를 정하는 방법은 동일합니다. 기존카페의 정보를 바꾸고 싶으시다면 카페관리 ⇒ 카페운영 ⇒ 기본정보에서 변경할 수 있습니다.

네이버 카페 만들기 처음화면

카페 만들기를 누르면 가장 먼저 카페 이름과 주소를 정하라고 나옵니다. 카페 이름은 카페 노출에서 가장 중요한 부분을 차지합니다. 카페 이름이 예를 들어 123123이고 실제로는 자동차 리스 카페라면, 자동차 리스에 대한 대한민국에서 가장 좋은 글을 발행하여도 카페 이름 검색으로는 절대로 노출이 안 됩니다. 그러므로 카페 이름을 정할 때에는 내 주제와 비슷하게 명확하게 상호명을 적어놓도록 합니다.

카페 이름을 정할 때에는 자신이 운영하는 주제의 모든 범위를 적어놓는 게 좋습니다. 하지만 60byte(바이트)라는 카페 이름 글자 수 제한이 있습니다. 그러므로 내가 선택한 주제와 밀접하게 가장 중요한 키워드들을 선별해서 넣는 게 좋습니다. 아래의 이미지는 '자동차 브랜드 쏘나타'관련 카페입니다. 아래 카페 이름을 살펴보세요.

카페 284　　　　　　　　정확도순 ✓　랭킹순　멤버순　새글 수　전체글 수

 ★소나타DN8 공식동호회[쏘나타 오너스클럽]페이스리프트 디엣지
풀체인지, DN8, 신형 쏘나타 하이브리드,쏘나타 페이스리프트,소나타 터보,센슈어스,...
주제 스포츠/레저 > 자동차　　　멤버수 530,743
랭킹 나무4단계　　　　　　　새글/전체글 298 / 1,234,304

 ■소나타 공식 동호회[LF 쏘나타 러브] 페이스리프트 하이브리드
현대자동차 LF 쏘나타 공식 동호회, 페이스리프트,디 엣지,하이브리드,풀체인지,DN8, ...
주제 스포츠/레저 > 자동차　　　멤버수 278,408
랭킹 나무3단계　　　　　　　새글/전체글 181 / 1,331,376

 ★소나타 공식 동호회 [와소동]쏘나타 페이스리프트 하이브리드
★ 신형 소나타 대표 No.1 동호회 와소동 [LF YF 소나타, 쏘나타 페이스리프트,하이브...
주제 스포츠/레저 > 자동차　　　멤버수 157,754
랭킹 열매4단계　　　　　　　새글/전체글 108 / 988,506

네이버 카페 카페명 검색 소나타 검색결과

　　카페 이름을 보면, 카페 이름에 소나타와 쏘나타, 기타 페이스리프트 하이브리드 등 여러 키워드가 섞여있는걸 볼 수 있습니다. 이렇게 적는 이유는 단어가 붙어있지 않더라도 소나타 하이브리드, 소나타 동호회, 소나타 페이스리프트 등 검색 시에 조합해서 나오기 때문입니다. 그러므로 최대한 내 검색어와 연관되고 검색이 많은 키워드를 선별해서 적어야 합니다. 영문 브랜드는 '쏘나타' '소나타' 등의 여러 가지 발음으로 사용되므로 사람들은 다양하게 검색합니다.

부동산 스터디' 대표
재개발,분양권,재건축,임대업 등의 **부동산** 투자 스터디 카페입니다.
주제 경제/금융 > **부동산**   멤버수 2,024,119
랭킹 숲   새글/전체글 1,531 / 1,898,566

〈부동산 스터디〉 카페 멤버 수 및 현황

위의 이미지처럼 뒤에 자기 분야에 맞는 주제를 쓰지 않고 단지 자신의 카페 이름만 적은 것도 있습니다. 이런 카페는 네이버 카페 로직에 맞게 한 명이라도 카페에 방문하게 하겠다는 간절함이 없거나 깔끔한 것을 추구하는 이들입니다만, 추천하지는 않습니다. 같은 부동산관련 카페라 하더라도 교육을 하는 회사인 〈월급쟁이부자들(cafe.naver.com/wecando7)〉 카페는 많은 키워드를 잡아놓았습니다.

월급쟁이부자들 (직장인 재테크 부동산 스터디 경매 파이어족) 대표
직장인 재테크 아파트 분양 **부동산** 경매 적금 보험 텐인텐 월급쟁이부자들 **부동산** 스...
주제 경제/금융 > 재테크   멤버수 573,351
랭킹 숲   새글/전체글 5,145 / 10,085,136

〈월급쟁이부자들〉 카페 멤버 수 및 현황

〈월급쟁이부자들〉 카페는 대한민국 누구나 부동산 교육, 재테크 교육으로는 인정하는 최고의 카페입니다. 그런데도 카페 제목에 직장인, 재테크 등 다양한 키워드를 조합해서 넣었습니다. 〈월급쟁이부자들〉이나 기타 다른 이미 너무 유명한 카페들도 카페 이름을 조합하여 연관된 회원들을 놓치지 않으려고 카페 이름을 정합니다.

1. 카페 만들기

네이버 카페에서 카페 주소는 크게 중요하지 않습니다. 네이버 카페를 이
용하는 사람들은 대부분 모바일을 통해 접속합니다.

광고의 달인이 운영하는 A카페 네이버 카페관리 모바일과 PC의 분포도

카페의 기기별 분포를 조사하였을 때 모바일이 압도적으로 많이 나옵
니다. PC대비 약 75% 정도로 모바일이 압도적인 격차를 보여줍니다. 게
다가 휴대폰으로 네이버 카페를 이용하는 이들의 대부분은 네이버 카페
앱을 사용합니다. 휴대폰으로 크롬이나 삼성인터넷 등 인터넷 브라우저
를 이용해서 카페를 들어가는 것은 카페에 특정 목적이 있어서 일부로 들
어가거나(검색, 카페 소개를 받아서 직접 들어가는 경우)입니다. 이처럼 PC로
의 접속은 드물기 때문에 카페 주소는 거의 검색되지 않습니다. 특히 요
즘은 한글 도메인의 인기로 카페주소를 소개하기 보다는 한글 도메인을
개설하여 한글 도메인으로 홍보합니다.

카페주소를 정할 수 있다면 내 주제와 가장 맞는 카페 주소를 설정하면
됩니다. 카페명은 짧다고 좋은 것도 아니고, 길다고 좋은 것도 아닙니다.
내 카페의 주제와 맞게 설정하고 외부 플랫폼에 홍보할 때 한글 도메인으

로 홍보하면 사람들에게 더 각인되기 쉽습니다.

　한글 도메인 등록방법 : 검색창에 호스팅케이알(https://www.hosting.kr)에 접속하여 도메인을 검색하여 도메인을 구매하면 됩니다. 꼭 구매해야 하는 건 아닙니다. 구매하게 될 경우 참고하시면 됩니다.

호스팅케이알 메인화면

2. 도메인 포워딩하는 방법

도메인 포워딩은 하나의 도메인(A)으로 접속했을 때, 자동으로 다른 도메인(B)으로 연결되도록 설정하는 기술입니다. 포워딩을 하는 이유는 고객

호스팅케이알 로그인 메인화면

이 복잡하거나 긴 도메인을 기억하기 힘들기 때문에 기억하기 쉽게 한글
도메인으로 홍보를 하는 일이 있습니다. 구매가 완료되었다면 호스팅케
이알에서 나의서비스 ⇒ 도메인을 클릭해주세요. 구매한 도메인을 체크
를 한 다음 포워딩을 눌러주세요.

호스팅케이알 내 도메인 목록

포워딩 설정 방법

유동 포워딩을 선택해주시고 포워딩 주소에 원하는 url을 넣어주세요.
네이버 카페를 넣으실 때 주의하실 점은 https://를 포함해서 꼭 넣어주서

야 합니다.

카페 만들기 - 아이콘

캐이버 카페팀 공식카페
대글 35
대안대승불교조계종 혜암 성범 구룡사   대한대승불교조계종 · 4분 전
맞가입 원합니다 1~8개 가능합니다   루이비 · 1시간 전
화물차공식카페 ⊙ 6   풍차돌리기 · 3시간 전

카페 아이콘

카페 아이콘은 컴퓨터 바탕화면의 아이콘이라고 생각하면 됩니다. 내 카페의 주제와 맞게 가로 및 세로의 크기를 150px로 맞춰서 사용합니다. 아이콘을 쉽게 만드는 방법은 카페 디자인 파트에서 다시 설명하겠습니다. 아이콘의 위치는 어디에 있는지 정도만 확인하기 바랍니다.

카페 만들기 - 카페 공개설정

카페 공개 설정 * ● 공개(바로 가입)   ○ 공개(가입 승인)   ○ 비공개(초대 승인)
                        누구나 바로 가입   매니저 승인 후 가입   매니저 초대를 통해 가입

신규 카페의 경우 개설 후 24시간 경과 후에 검색에 반영됩니다.

카페만들기 카페 공개 설정

우리가 알고 있는 온라인 카페는 대부분 공개(바로 가입)입니다. 카페 매니저에게 허락을 받고 가입할 수 있습니다. 이렇게 하는 이유는 카페에 무단 광고가 너무 많아서 애초에 가입을 차단할 목적으로 하거나, 카페가

네이버 검색 시에 노출은 되기 원하지만, 외부인들의 글을 원하지 않을 때 사용하기 위해서 입니다. 비공개(초대 승인)의 경우 아예 멤버십을 만들거나 네이버 검색노출도 전혀 필요하지 않고, 소수의 인원에게 교육자료 및 비밀성을 유지하여 운영하는 데에 필요합니다. 그러므로 일반적인 카페 운영자들은 공개(바로 가입)로 카페를 개설하시면 됩니다.

카페 만들기- 카페 공개설정 및 이름사용 여부

카페만들기 이름 사용 여부

카페 공개설정에서 바로 가입 카페는 카페회원이 원하는 별명으로 카페에 가입할 수 있습니다.

공개(가입승인) 비공개 카페의 이름 사용 여부

공개(가입 승인) 비공개(초대 승인) 카페의 경우 카페 회원에게 별명이 아니라 네이버에 등록된 개인정보 이름으로만 가입할 수 있게 할 수 있습니다.

카페 만들기- 멤버목록 공개, 비공개

멤버목록 공개, 비공개 여부

멤버 목록 설정은 무조건 비공개로 하도록 합니다. 멤버 목록 공개를 하게 되면 내 카페회원을 카페에 가입만 하기만 하면 누구나 볼 수 있습니다. 그 멤버를 바탕으로 유사 경쟁카페가 나의 카페회원에게 채팅이나 쪽지 광고를 할 수 있기 때문에 비공개를 해야 합니다.

멤버목록이 공개된 카페

카페 메인화면에서 카페 멤버 수를 누르면 카페에 가입만 되어있다면 멤버 전체를 볼 수 있기 때문에 무조건 비공개로 해야 합니다.

카페 만들기- 카페 주제 정하기

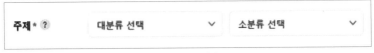

카페 주제 정하기

카페의 주제를 정하는 것은 매우 중요합니다. 대부분 대분류와 소분류가 잘 정해져 있어서 자동차면 자동차, 증권이면 증권 같이 주제가 딱 떨어집니다. 하지만 그렇지 않다면 내 주제와 비슷한 키워드로 검색을 해보

다른 카페 주제 보는 방법

네이버 카페 수익화 마스터 클래스

고, 이미 상위노출이 잘되어 있는 카페의 주제를 똑같이 하면 됩니다. 카페 메인 홈에서 카페 등급을 클릭하고 카페 소개를 누르면 카페의 주제를 볼 수 있습니다.

카페 만들기 - 카페 설명

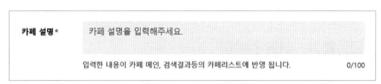

카페 설명 작성하기

카페 이름 정하는 것 다음으로 카페명 노출에 영향을 주는 것은 카페 설명입니다. 카페 이름에 적지 못했던 카페의 키워드들을 적어주면 좋습니다. 카페명 노출에서 내가 정말로 노출이 되어야 하는 키워드들은 카페 이름에 넣고, 그다음 주력 키워드들은 카페 설명에 적으면 됩니다.

카페 만들기 - 카페 검색어

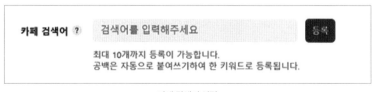

카페 검색어 설정

카페 검색은 카페 이름〉카페 설명〉카페 검색어 순으로 카페명 노출이 영향을 줍니다. 카페 검색어에는 여러 전략을 쓸 수 있는데, 카페 이름과 카페 설명에 이미 기존에 적었던 키워드들을 한 번 더 적는 방법이 있고, 카페 이름과 카페 설명에 넣지 않았던 키워드들을 넣는 방법 두 가지가 있습니다. 이것은 한 번씩 카페에 적용해보고 더 알맞은 방법으로 하면 됩니다.

카페만들기- 카페 검색어

지역 카테고리

지역 카페를 등록하면 동네 카페로 동네 및 이웃탭에 게시글이 노출이됩니다. 맘카페나 지역을 기반으로 둔 카페는 지역을 설정합니다. 이렇게하면 카페 만들기는 완료가 됩니다. 카페를 중간에 인수하셨으면 카페 관리를 통해 위와 같이 수정하면됩니다.

카페에서 글을 쓰는 법 –
카페 기본 설정하기 메뉴/등급

"길이 뚫린 데로 가지 말고 길이 없는 곳에 흔적을 남기라."
- 랠프 에머슨

메뉴

카페 메뉴는 소위 '게시판'이라고 일컫는 '사람들이 글을 쓸 수 있는 공간'

카페 메뉴 설정화면

의 제목을 짓는 일을 말합니다. 이는 카페 이름같이 중요하고 카페회원들의 많은 활동을 유도할 수 있도록 짓는 것이 좋습니다. 그렇다고 너무 전문적일 필요는 없습니다. 단 직관적인 게시판 이름이 중요하며 중복된 게시판은 지양하는 게 좋습니다. PC 버전 카페 메뉴는 카페관리를 눌러서, 메뉴 버튼을 클릭하면 메뉴설정을 할 수 있습니다.

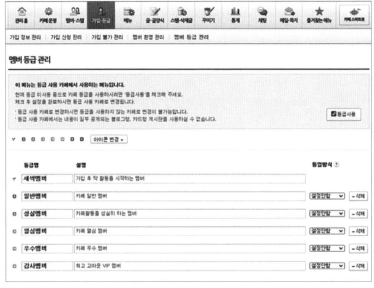

메뉴관리

원하는 메뉴를 클릭하고 + 버튼을 누르면 이동이 되고 확정하려면 저장하기를 누르면 됩니다.

메뉴명은 제한 없이 언제든 변경이 가능하며 통합게시판은 일반 자유

게시판이라고 생각하시면 됩니다. 간편 게시판은 글을 쓰면 네이버에 노출은 되지만 기존 카페 이용자들에게 익숙하지 않습니다.

상품등록 게시판은 중고거래를 안전하게 하기 위해 중고거래를 목적으로 개설합니다. 스탭 게시판은 스탭들만 글을 작성할 수 있지만 카카오톡메신저의 발전으로 현재는 거의 쓰지 않습니다. 메모 게시판은 일반적으로 사용하지 않고 비밀글 기능이 있어 운영자에게 문의를 할 때 사용하는 편입니다. 메모 게시판은 노출이 되지 않고 등급별로 권한을 설정할 수 없기에 일반적인 상황에서는 쓰지 않는 게 좋습니다. 출석부와 카페북은 거의 사용하지 않습니다.

카페메뉴의 좋아요 기능

통합 게시판이나 상품등록 게시판을 클릭하게 되면 좋아요 기능을 설정할 수 있습니다.

메뉴관리 좋아요 기능

추천	음료 재료를 진짜 많이 물어보시는듯 쪽지로 물어보신것 생각나는거 써드릴께요 [80]	커피를사랑하는나	2024.06.10.	3,908	210
추천	레시피 올리고 벌써 기분좋은 소식 [23]	커피를사랑하는나	2024.06.05.	4,726	54
추천	저희 케이크 맛있어 보이시나요^^ [89]	민이쭈니영이맘	2024.06.06.	1.4만	37
추천	카페 접어요 [37]	엄마는외출중	2024.06.07.	5,488	14
추천	(제과제빵)무엇이든 물어보세요. [69]	빵타지아	2024.06.07.	721	13
2853387	여러분은 둘중 어느걸 선택하세요? [2]	사리빠빠용	00:38	288	1
2853374	매장에서 사용하면 기계 팔수있는곳이 있나요? [1]	띵띵땅	00:27	106	0
2853335	정신나간 라이더 [4]	분당 주성	2024.06.11.	542	0
2853298	베이커리 기계 냉장고 구입하실분 언제실까요? [2]	쿠로로로	2024.06.11.	108	0
2853259	대구 캔시머 500ml캔 팔거나 빌려주실 사장님 ㅠㅠ [3]	맥맥맥	2024.06.11.	109	0
2853243	사장님들 오늘도 고생하셨어요 [3]	로이오리덕	2024.06.11.	187	1
2853231	라지 아메 1000원에 팔면 손해아닌가요? [19]	봉봉09	2024.06.11.	978	1

카페 게시글 추천화면

좋아요 기능을 사용하면 게시글 제목에 추천이라는 항목이 생기며, 공
지사항 밑 일반글 상단에 노출이 되기 때문에 카페 체류시간을 늘릴 수
있습니다.

메뉴구성에서의 형태 적용

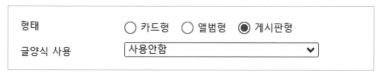

메뉴 형태

기본적으로 메뉴를 새로 만들게 되면 게시판형으로 만들어집니다. 게
시판형은 가장 기본적이며 카페 뿐만 아니라 일반적인 사이트에서 주로
사용되는 형태입니다.

Aim 회원등록	안녕하세요 [1] ⑩		코반 ✌	2024.06.11.	0
Aim 회원등록	가입인사 [1]		포도리 ─	2024.06.11.	1
Aim 회원등록	안녕하세요 [1]		히든호러 ✌	2024.06.10.	2
Aim 회원등록	회원등록 [1]		올리 ✌	2024.06.09.	3
자유게시판(.	행복한 주일 입니다. [1]		세항파이팅 ─	2024.06.09.	9
Aim 회원등록	안녕하세요 [1]		샤아 ─	2024.06.09.	2
자유게시판(.	라이트 추천 받아요		치킨왕좌 ─	2024.06.09.	4
질문-답변	쌩 초보 문의드려요 ☺		준슥이 ─	2024.06.09.	17
Aim 회원등록	안녕하세요		Koreanboy07010 1 ✌	2024.06.08.	5
자유게시판(.	하루만 지나면 행복한 주말 입니다. [1]		세항파이팅 ─	2024.06.07.	11
자유게시판(.	오늘저녁은 멀먹지요		환상적인여행	2024.06.05.	9
Aim 회원등록	안녕하세요 [1]		모래 ✌	2024.06.05.	3
AIM - 카페.	궁금증! [2]		비비건 좋아하는 학생 ─	2024.06.04.	13
Aim 회원등록	회원가입합니다 [2]		왕초보임 ─	2024.06.03.	9
Aim 회원등록	잘부탁드립니다 [2]		크랙 ✌	2024.05.30.	4

메뉴 형태 게시판형 화면

게시판형의 경우 일반적인 게시판입니다. 특별한 목적이 없는 이상 게시판형을 사용하는 게 좋습니다.

- 커뮤니티 -		공지	[카페중요공지] 자동등업이 되도록 바꾸었습니다. [7]	애니플래닛 ✪	2022.06.03.	425	0
⊟ a.자유 게시판		공지	[카페중요공지] 애니플래닛 게시판 사용 가이드 - 기초편 - [25]	캡틴플래닛 ✪	2017.10.22.	2,853	0
⊟ b.애니 이야기 게시판		공지	[카페중요공지] 카페규칙&소식 확인은 공지사항 게시판에서!! [8]	캡틴플래닛 ✪	2017.09.07.	1,349	0
⊟ c.책/만화 이야기 게시판		추천	[커뮤a자유일상] 제가만든 라이징 프리덤 입니다 [2]	유원재97 ☆	2024.07.12.	17	4
⊟ d.게임 이야기 게시판 ⑩							
⊟ e.피규어/프라모델 이야기 게시판		179772	[커뮤a자유일상] 톡캔에그제 롤(코토부키)아 ☺ [2]	유원재97 ☆	2024.07.14.	7	0
⊟ f.창작소설/만화/그림 이야기 게시판		179764	[커뮤a자유정보] 위대한 기사장님께서 여름 피서를 즐기시었습니다 [4]	대동해 기사장 ♣	2024.07.14.	10	1
		179760	[커뮤a자유질문] 이거 어카죠?? ☺ [1]	코멍 ✪	2024.07.13.	7	1
- 취미 갤러리 -		179759	[커뮤a자유일상] 제가만든 라이징 프리덤 입니다 ☺ [2]	유원재97 ☆	2024.07.12.	17	4
⊟ a.애니감상/캡처 갤러리		179743	[커뮤a자유정보] 그곳여자들이퍼나고 ☺ [2]	대동해 기사장 ♣	2024.07.10.	17	1
⊟ b.책/만화감상 갤러리		179742	[커뮤a자유정보] 기사장은 새임	대동해 기사장 ♣	2024.07.10.	5	1
⊟ c.게임소감/캡처 갤러리		179741	[커뮤a자유정보] 유튜브에서 인간들에게	대동해 기사장 ♣	2024.07.10.	4	1
⊟ d.피규어/프라모델 갤러리		179720	[커뮤a자유정보] RTX와 이전 그래픽 카드들의 차이입니다 ☺	대동해 기사장 ♣	2024.07.10.	9	1
⊟ e.밀러/백지수집 갤러리		179717	[커뮤a자유정보] 감자술 ☺	대동해 기사장 ♣	2024.07.10.	6	1
⊟ f.코스프레(참여) 갤러리		179714	[커뮤a자유정보] 녹파주 ☺ [4]	대동해 기사장 ♣	2024.07.10.	6	1
⊟ g.코스프레(감상) 갤러리							
⊟ h.내방/사무실 갤러리		179713	[커뮤a자유정보] 둠 다크에이지 이미지 개선 ☺	대동해 기사장 ♣	2024.07.10.	6	1
⊟ i.애니/책/게임상품 갤러리		179701	[커뮤a자유정보] 기사장의 반란분자들	대동해 기사장 ♣	2024.07.09.	7	1
⊟ j.보물자랑 갤러리 (굿즈 제외)							
⊟ k.여행/풍경사진 갤러리							
⊟ L.요리/음식 갤러리							

메뉴형태 카드형 화면

카드형의 경우 제목과 내용이 게시판에 보이고, 오른쪽에서 사진을 볼 수 있어서 게시글을 클릭하지 않아도 어떠한 글이 있는지 유추해볼 수 있습니다.

메뉴 형태 앨범형

앨범 형태의 게시판은 사진이 첨부된 상태에서만 노출이 되고, 사진이 없는 경우 게시글이 게시판에 보이지 않습니다.

어떤 스타일로 결정할지 모르겠다면, 95% 이상 사진이 올라오는 게시판이라면 앨범형으로 보기 편하게 만들거나, 메뉴관리에서 형태는 게시판형으로만 고정해도 됩니다. 모바일 이용자가 75%, 컴퓨터 이용자가 25% 되기 때문입니다. 대부분 운영자나 운영진들은 컴퓨터로 이용할 것입니다. 그럼 컴퓨터 실제 이용자는 더 낮아집니다. 아래 이미지는 모바일에서 카페 게시글을 보는 화면입니다.

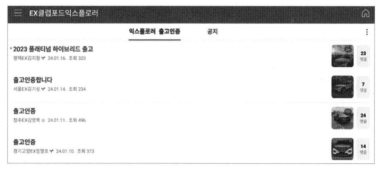

모바일로 보이는 게시판

게시물 목록이 이런 형태로 나오기 때문에 카드형이던 게시판 형이든 어떤 형태를 고르더라도 큰 지장은 주지 않습니다.

- **게시판형의 장점**: 게시글을 모르니 클릭하게 됩니다.
- **게시판형의 단점**: 글을 읽는데 피로감이 들어서 체류시간이 줄어들 가능성이 있습니다.

- **앨범형의 장점**: 게시글의 사진을 볼 수 있어 무엇을 전하는지 대략적인 이해가 가능합니다.
- **앨범형의 단점**: 게시글을 원하는 것만 골라서 볼 수 있기 때문에 체류시간이 줄어들 가능성이 있습니다.

- **카드형의 장점**: 게시글 내용과 사진을 동시에 볼 수 있어서 빠르게 글을 찾을 수 있습니다.

- **카드형의 단점**: 게시판형은 한 페이지에서 15개의 게시물을 볼 수 있으나 카드형은 10개만 보이고, 글 내용을 대략 파악할 수 있어, 원하는 글이 없으면 이탈할 가능성이 높아집니다.

가입 및 등급

카페 멤버등급은 카페 활성화에 영향을 많이 줍니다. 등급별 혜택을 준다거나 달성 가능할 정도의 등급을 설정해 주어야만 사람들이 등급에 대해 관심을 가질 수 있습니다.

멤버 등급 설정

멤버등급 관리에서는 카페멤버가 메뉴(게시판)에 대해 읽기, 쓰기, 댓글 다는 권한을 제한할 수 있기 때문에 합리적인 멤버등급 설정이 필요합니다.

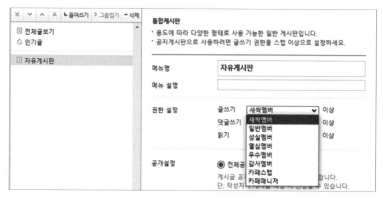

메뉴접근 권한 설정

게시판에 대한 등급 권한은 메뉴 탭에서 설정이 가능합니다. 네이버 카페 등급명은 제한 없이 자유롭게 변경할 수 있습니다. 그리고 단순한 구분을 넘어 멤버들의 소속감을 높이는 중요한 요소가 되기도 합니다. 그렇다고 해서 이런 부분에 지나치게 신경을 쓸 필요는 없습니다. 처음 방문한 방문자나 신규 회원들은 크게 신경 쓰지 않는 부분이니까요. 기존의 멤버들은 등급 상승에 대한 욕구가 있을 수는 있습니다. 그러므로 카페의 주제와 분위기에 어울리면서도 멤버들이 공감할 수 있는 등급명을 설정해야 합니다.

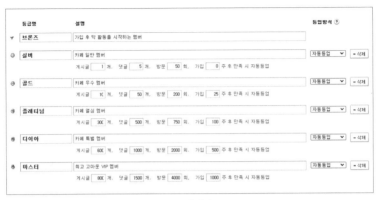

등급명 예시

원하는 게시글 댓글 방문자수 가입한 일자(0주일도 가능하다 0주일은 가입일자를 안보겠다는 의미임) 등업 방식을 모두 자동 등업으로 처리할 필요는 없습니다.

자동등급 설정

오른쪽의 등업 방식을 보시면 등급마다 자동등업을 할 것인지 게시판을 쓸 것인지 수동으로 올려줄 것인지를(설정 안함) 결정할 수 있습니다.

등업게시판은 메뉴관리에서 만들 수 있으며, 등업게시판에 회원들이 등업을 신청할 때 이렇게 게시판에 표기됩니다. 등업 조건에 해당하는지 일일이 보고 등업을 해주어야 합니다. 그러므로 보통은 자동 등업을 선택합니다. 등업게시판을 운용하는 경우는 광고가 너무 많아서 해결하기 어

등업게시판 적용설정

러울 때 실회원인지 광고를 위한 등업계정인지 확인하기도 합니다. 예전 〈중고나라〉 카페의 경우 열심 회원만 중고거래 글을 쓸 수 있는 게시판이 많았는데, 업자들이 온종일 24시간 등업게시판이 있음에도 작업을 하여 〈중고나라〉에 스팸성 글이 항상 많았습니다. 등업게시판은 스팸을 막는 용도로만 사용한다면 사용하지 않는 편이 좋습니다. 등업게시판은 멤버 십 같은 비밀모임 특권 회원에게 어려운 등급상승에 의미부여를 하거나 또는 특수한 개인목적이 아닌 이상 추천하지 않습니다.

등업 게시판 운영의 장점:

실제 활동 회원 관리: 광고성 계정이나 스팸 계정을 걸러내고 실제 활동하는 회원을 관리할 수 있습니다. 등업 과정을 통해 멤버들에게 특별한 경험을 제공하고 카페에 대한 소속감을 높일 수 있습니다.

등업 게시판 운영의 단점:

등업 신청을 일일이 확인하고 등업 여부를 판단해야 하므로 운영진의 부담이 커집니다. 등업 게시판 자체가 스팸의 표적이 될 수 있으며, 완벽하게 스팸을 차단하기 어렵습니다. 자동 등업 시스템에 비해 시간과 노력이 더 많이 듭니다.

다른 카페의 등업신청 게시판 활용

글 양식 사용

글 양식은 게시판별로 원하는 형태의 양식을 만들어서 글 쓰는 사람에게 안내됩니다. 글쓰기 템플릿이라고 여기면 좋겠습니다. 글 양식을 사용하게 되면 카페 글 노출을 유도하는 질문을 작성하면 노출이 될 수도 있기 때문에 글 양식은 설정하는 것이 좋습니다. 다음은 설정 방법입니다.

　카페관리 ⇒ 글·글양식을 눌러주세요.

글양식 설정

글 양식 만들기를 클릭해주세요.

글양식 만들기

양식 제목

양식제목1

적용 게시판 1개

+추가   커뮤니티 ⓧ

게시판 안내

○ 사용 안 함   ⦿ 사용   □ 글 등록 후 본문에도 표시

게시판 안내입니다.

본문 글양식

⦿ 사용 안 함   ○ 사용

배너

⦿ 사용 안 함   ○ 사용

미리보기   저장하기   목록

글양식 설정 방법

위의 이미지처럼 게시판 안내를 등록하고 저장하기를 누르면 위의 이미지처럼 게시판 안내가 됩니다. 글 등록 후 본문에도 표시를 체크한 경

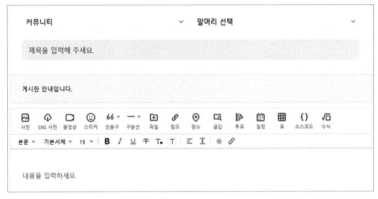

커뮤니티   ∨   말머리 선택   ∨

제목을 입력해 주세요.

게시판 안내입니다.

사진 SNS 사진 동영상 스티커 인용구 구분선 파일 링크 장소 글감 투표 일정 표 소스코드 수식

본문 ∨ 기본서체 ∨ 15 ∨ B I U T T. T ≡ Ⅰ ✳ &

내용을 입력하세요.

글양식 적용 후

우 게시 글 작성 전에만 안내가 보이는 것이 아니라, 게시 글을 작성한 다음에도 게시판 안내 문구가 남아 있습니다. 본문 글 양식은 '글 양식의 꽃'이라고도 불립니다. 글 양식을 잘 설정한다면 가입인사를 쓴 것만으로도 카페 글이 노출이 될 수 있기 때문입니다. 만약 중고차 거래 카페를 운영하고 있다면 다음과 같습니다.

1) 자동차를 팔고 싶으신가요? 구매하고 싶으신가요?

답변 :

2) 중고차거래소 카페에서 얻고 싶은 정보는 무엇인가요?

답변 :

3) 가입인사 제목은 아래와 같이 지켜주세요. 가입인사 제목이 지켜지지 않으면 등업이 되지 않습니다. (가입인사합니다, 반갑습니다)

- **자동차가 있다면 가입 인사 제목은** ⇒ 카페닉네임 + 갖고 있는 브랜드와 자동차 이름 + 가입합니다.

- **자동차가 없으신 분 가입 인사 제목은** ⇒ 카페닉네임 + 갖고 싶은 자동차 이름 + 가입합니다.

제시 예1) 강동남자 기아스포티지 가입합니다.

제시 예2) 차타는 친구 포르쉐카이엔 가입합니다.

• 가입 인사 제목 양식에 맞게 작성하였나요? :

제시 예1) 강동남재스포티지

제시 예2) 차타는친구케카이엔

4) [닉네임 변경하셨나요?] (판매자는S 구매자는B)

판매자는 ⇒ 한글닉네임S지역명 / 구매자는⇒ 한글닉네임B지역명 닉네임을 필히 변경해 주세요(지역명은 서울, 김포, 광주 등).

제시 예) 강동남자S서울 차타는 친구B 부산

닉네임 변경하셨나요? :

제목양식 미준수자(안녕하세요, 가입합니다, 등업해 주세요. 기타 등) 글들은 자동 삭제 처리 하고 강등 처리합니다.

1번은 그냥 간단하게 누구나 대답할 수 있는 폐쇄형 질문을 하는 것이 좋습니다. '예, 아니요'로 할 수 있고 2번도 역시 간단하지만 바로 답할 수 있는 질문을 합니다.

3번은 왜 군이 카페 닉네임과 자동차 이름을 게시물 제목에 적게 했을까요? 바로 내 카페의 노출도 때문입니다. 성의 있게 자기소개 게시물로 가입인사를 작성하였다면, 네이버에 스포티지와 카이엔을 검색하는 사람들이 내 카페에 방문할 수도 있고, 운이 좋으면 가입인사 글을 쓰는 회원이 최적화 아이디여서 상위에 노출이 될 수도 있기 때문입니다.

4번은 닉네임 변경입니다. 닉네임을 변경하게 하면 카페의 통일성이 생기고 소속감을 부여할 수 있습니다. 이는 자동차 동호회에서 자주 쓰이는 방법입니다.

가입인사를 제대로 작성하였다면 가입인사를 작성할 때 자동적으로 양식이 설정되고, 카페에 가입한 회원은 양식에 맞게 글을 쓰게 됩니다.

노출을 부르는 글양식

글 양식의 배너는 단순합니다. 이미지를 추가합니다.

글양식 배너 설정방법

이미지를 넣어주고, 그 이미지에 맞는 URL을 넣어주면 됩니다.

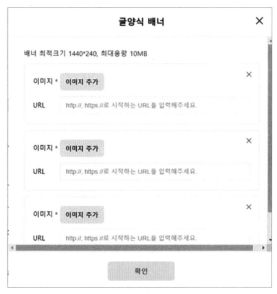

글양식 배너 이미지 추가

네이버 카페 수익화 마스터 클래스

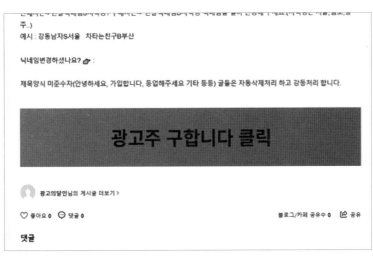

글양식 배너 PC 화면

글양식 배너 모바일 화면

이미지를 추가하고 저장을 누르면 위처럼 게시글 하단에 배너가 생깁니다. 처음에 적용할 이미지가 없다면 파워포인트, 미리캔버스 등을 이용해 배너이미지를 만들어봅니다. 광고주를 구합니다. 클릭 url에는 본인의 이메일이나 카카오톡 채널을 만들어서 url을 첨부하는 것이 좋습니다.

글 양식 클릭 후 메일발송으로 올 수 있게 끔

이미지를 클릭 하였을 때 바로 내 이메일로 메일보내기를 설정하고 싶다면, 아래 링크를 첨부하면 됩니다. ID에는 본인의 네이버 아이디를 적어주세요.

이메일 링크(https://mail.naver.com/write/ext?cmd=compose&to=id@naver.com)

위의 주소를 복사한 다음 ID 부분에 본인의 네이버 아이디를 넣으면, 링크를 누르는 사람이 네이버에 로그인 상태일 경우 클릭할시 바로 메일이 보내지는 상태로 전환됩니다.

카페의 메뉴를 설정하는 것은 카페 운영에 있어서 가장 중요한 부분입니다. 메뉴는 크게 두 가지로 설정할 수 있습니다. 첫 번째는 커뮤니티형 카페, 두 번째는 영업용 카페의 적용법을 알려드리겠습니다. 이것을 자기의 분야에 맞게 수정하면 됩니다. 커뮤니티용 카페의 대표적인 주제는 맘 카페입니다. 그렇다면 맘 카페에는 어떤 메뉴가 필요할까요?

맘 카페를 하는 목적은 '그 지역의 맛집, 교육정보, 벼룩(중고장터)'를 공유하기 위함입니다. 이 세 가지가 핵심입니다. 그리고 실시간으로 전해지는 지역의 소식을 얻고 싶어 하는 이들이 카페에서 활동을 주로 합니다. 그렇다면 무조건 필요한 것은 맛집(일상), 교육(초·중·고등학원 세분화), 벼룩(나눔, 중고거래)입니다.

맘카페에는 우리동네 소식, 초·중·고 교육, 중고거래, 동네벼룩장터 이 정도가 기본적으로 필요합니다. 자동차 카페는 자동차정보, 튜닝, 수리후기, 서비스센터, 여행, 지역별게시판, 중고거래 등이 필요합니다. 보통 온라인 카페하면 딱 떠오르는 주제가 두 가지입니다. 따라서 이를 예로 들어보았습니다. 메뉴구성은 카페마다 정말 다 다르고 카페마다 개성을 살려야 함으로 기본적으로 필수적인 요소만 적었습니다.

다음은 벤치마킹하는 방법을 알려드리겠습니다. 자동차 카페를 개설하고 싶다면 주제별 카페, 스포츠 레저 자동차를 클릭한 다음 상승되고 있는 카페의 게시판을 비슷하게 만드는 것이 좋습니다. 다만 이미 활성화가 잘되고 있는 카페는 게시판이 많습니다. 하지만 운영 초기에는 '게시판을 최대한 줄이는 것'이 좋습니다. 게시판이 많은데 읽을 글이 없다면

애써 찾아온 회원이 '활동이 없는 유령 카페인가' 보다 하고 활동할 확률
이 낮게 되니까요. '아, 여기는 활동이 적으니 내가 이 카페를 살려봐야겠
다' 하는 일반적인 회원은 거의 없습니다.

주제별 네이버 카페 랭킹

덧붙여 최적화 카페라면 게시판을 만들어도 '3차 최적화' 적용이 됩니
다. 다만 씨랭크 카페라면 특정 게시판이 다른 게시판보다 훨씬 잘 올라
가기 때문에 새로 만들기보다는 기존 게시판을 활용하는 편이 좋습니다.

맘카페나 공공기관이 카페 활동하는 것을 한 번 살펴보세요. 경쟁 카
페에서 공공기관의 활동이 있다면 메일을 보내보세요. 그럼 공공기관이
기 때문에 한 군데에서만 활동을 할 수 없으므로 규모가 정말 작지 않은

이상 글을 모두 써줄 것입니다.

공공기관의 카페 입점 사례

위의 이미지는 인천 서구청의 제시 예입니다. 인천 서구청은 카페 활동으로 구청 소식을 알리고 있습니다. 내가 운영하는 카페가 대표 카페가 아니고 규모가 작더라도 공공기관 글쓴이에게 메일이나 쪽지를 보내고 '내가 운영하는 카페에도 글을 써달라고 요청'하면 웬만해서는 진행해줍

1709024	서구 달빛어린이 병원 안내('24. 5. 1. 기준) ☺ [1] ⓝ	인천서구청 ⓓ	2024.04.26.	183	1
1708684	[5. 1. 시행] 인천 I-패스(인천형 대중교통비 지원 사업) 안내 ☺ ⊘	인천서구청 ⓓ	2024.04.25.	154	6
1708557	어린이날 아이사랑꿈터가 쏜다 (5/2~5/4) ☺	아이사랑꿈터서구 2호 ♥	2024.04.24.	210	1
1708506	서구 위생등급 지정업소 이용하고 모바일상품권 받아가세요~ ☺ ⊘	인천서구청 ⓓ	2024.04.24.	102	4
1708156	검단맑은물빛공원 러닝클래스(마라톤완주) 안내 ☺	인천서구청 ⓓ	2024.04.22.	194	2
1708097	서구·검단구·제물포구·영종구 출범 확정~! (인천형 행정체제 개편 법률 제정) ☺ [2]	인천서구청 ⓓ	2024.04.22.	160	1
1708083	[6. 3. 개원예정] 국공립 아라도담/원당어반센트로 어린이집 원아모집 안내 ☺ ⊘	인천서구청 ⓓ	2024.04.22.	140	0
1707630	제7회 아동이 주인공인 행복한 축제 "소문내기 이벤트 및 자원봉사자 모집 안내" ☺ ⊘	인천서구청 ⓓ	2024.04.19.	97	0

공공기관의 게시글 작성 사례

니다. 필자는 아직까지 거절당하거나 무응답인 경우는 없었습니다. 공공 기관이 글을 개제해준다면 지역에 필요한 수준 높은 글을 써주고 그만큼 카페의 권위도 살아나는 긍정적인 효과를 얻게 됩니다. 그러므로 위의 구조로 카페에 활동을 자연적으로 활동할 수 있는 메뉴구성을 하면 괜찮을 것입니다.

네이버 카페 수익화 마스터 클래스

블로그에 쓴 글을 그대로 카페에 복사해서 써도 될까?

사실 애써 쓴 글을 하나의 채널에만 올리는 것이 아깝다는 생각이 들 수도 있습니다. 그래서 동일한 글을 다른 매체에 올려도 되는지 궁금해 하는 분들이 계십니다. 결론부터 말씀드린다면, 사실 어떤 채널이 되었건 동일한 글을 똑같이 쓰는 것은 피하는 것이 좋습니다. 블로그는 1인 미디어로 개인이 어떤 특정 주제에 관해 이야기하고 싶은 것을 말하는 채널이고, 카페는 여러 사람들이 공통의 관심사에 관해 서로 이야기를 나누는 채널입니다. 그러므로 블로그에 있는 글들을 가져다 공유한다는 점은 괜찮습니다. 그렇다면 블로그에 쓴 글을 똑같이 복사해서 카페에 쓰는 경우 과연 검색에는 도움이 될까요? 아닙니다. 결국 유사문서가 되어, 먼저 블로그 영역에서는 검색이 되더라도, 카페에서는 검색이 되지 않으니 주의해야 합니다. 퍼온 글이 당장 검색이 되더라도 네이버 검색로봇이나 원글 작성자가 신고하면 저작권법 위반이 될 수도 있고, 카페 아이디 및 카페가 저품질 현상이 올 수도 있습니다.

카페 꾸미는 법 - 매력적인 카페 디자인을 직접 해 봅시다

"만족은 결과가 아니라 과정에서 온다."
- 제임스 딘

카페 디자인을 하려면 막막할 수도 있을 것입니다. 물론 약간의 비용을 들여서 크몽(kmong.com) 같은 외주 전문 사이트에서 적합한 디자이너에게 맡겨도 됩니다. 비용은 3만~15만 원 사이로 다양한 편입니다. 하지만 카페 디자인은 어려운게 아니라서 저렴한 비용으로 의뢰해도 어느 정도의 수준은 나오므로, 디자인 구상을 미리 해놓고 크몽 디자이너에게 의뢰를 맡기는 것이 좋습니다.

만약 투잡 형식의 거의 무자본을 추구한다면 미리캔버스(https://www.miricanvas.com), 캔바(https://www.canva.com/) 같은 사이트에서 디자인을 해보길 권유합니다. 무료로 디자인이 가능합니다. 카페디자인을 바꾸고 싶다면 카페 관리 탭에서 꾸미기를 누르면 됩니다.

카페별 디자인 사이즈표(오른쪽은 설정하는 방법입니다)

- **카페 타이틀 사이즈** 가로 1080px, 세로 50~340px 카페관리 ⇒ 꾸미기⇒ 타이틀

- **카페 대문 사이즈** 가로 750px, 826px 세로 540px 카페관리⇒ 꾸미기⇒ 카페 대문

- **카페 아이콘 사이즈** 가로 150px, 세로 150px 카페관리⇒ 카페운영⇒ 모바일카페 설정 3번째

- **카페배너 사이즈** 가로 1440px, 세로 240px 카페관리⇒ 글 글양식⇒ 배너

카페 꾸미기

위의 이미지는 미리캔버스를 이용해서 1분 만에 만든 것입니다. 손에 익으면 엄청 빠르게 만들 수 있습니다. 물론 높은 수준의 위한다면 시간을 더 투자하면 됩니다. 포토샵을 잘 못하고 디자인에 비용을 투자하기 싫다면 미리캔버스나 캔바를 이용하는 것이 좋습니다. 캔바와 미리캔버

스 둘 다 써 본적이 없다면 미리캔버스가 이용하기가 더 쉽다고 판단되어 미리캔버스로 만드는 방법을 설명하겠습니다. 먼저 미리캔버스에 접속하여 로그인을 해주세요.

미리캔버스 메인화면

미리캔버스 새 디자인 만들기

로그인을 하면 이 페이지에서 새 디자인 만들기를 클릭해주세요. 직접 입력을 누르시고 카페 타이틀 크기인 가로 1080px 세로 50~340px를 선택해주세요. 우리가 알고 있는 대형카페나 성공한 카페의 일반적인 크기는 1080px 세로 250px 정도입니다. 만들고 나서도 세로크기를 조절할 수 있기 때문에 처음이라면 세로를 250px로 설정하고 만드는 것을 추천합니다. 이미지를 만드는 순서와 방법은 각자 연구를 통해 개성 있게 만들어도 되며, 이 책에서는 가장 기본적이고 쉽게 만드는 방법을 설명합니다. 무언가 디자인에 부족함을 느낀다면 연구하거나 디자이너에게 의뢰하시기 바랍니다.

미리캔버스 디자인 편집

가장 먼저 배경을 클릭해 준 다음 원하는 아무 배경을 선택해 주세요. 이미지 하단 오른쪽에 왕관표시가 되어있는 사진은 pro모드로 미리캔버스 유료로 사용해야 적용이 됩니다. 처음에는 왕관표시가 없는 이미지를

미리캔버스 디자인 고르기

찾으시고 맘에 드시면 유료버전을 써보세요. 배경이미지를 고른 뒤 텍스트를 클릭해주세요.

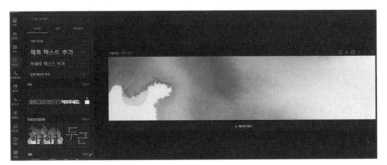

미리캔버스 디자인 편집 과정

그런 다음 텍스트의 제목 텍스트 추가를 눌러주세요.

미리캔버스 디자인 편집 과정 2

원하는 문구를 작성한 다음에 추천 스타일 적용하기를 눌러주세요. 누른 다음에 글씨크기를 내 마음에 들게 크게 만들어주세요.

네이버 카페 수익화 마스터 클래스

미리캔버스 디자인 편집 과정 3

글씨가 많아서 2줄, 3줄로 보일 때에는 오른쪽에 그림과 같이 커서를 대고 오른쪽으로 늘려주세요.

미리캔버스 텍스트 자리 배치

알맞게 늘리셨으면 또 제목 텍스트 추가를 해주시고 원하는 문구를 넣어 자리배치를 해주세요.

미리캔버스 이미지 사진 추가

왼쪽에 요소를 클릭하고 나에게 맞는 분야의 이미지를 검색해주세요.

미리캔버스 이미지 사진 추가 고르기

트럭으로 검색한 결과입니다. 원하는 그림을 클릭하신 뒤 이미지에 배치해주세요.

미리캔버스 다운받기

크기가 맞는지 확인하시고 파일형식은 png로 선택한 뒤에 고해상도 다운로드를 클릭해주세요. 카페관리⇒ 꾸미기⇒ 타이틀에 사진 첨부하기를 통해 바로적용을 눌러주세요.

카페 대문은 레이아웃의 크기에 따라 결정되기 때문에 직접 px 값을 조정해서 레이아웃에 맞게 설정하면 됩니다. 처음 카페에 광고할 거리가

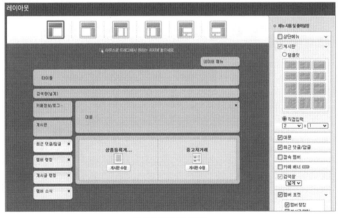

카페꾸미기 레이아웃

없다면 대문을 없애는 것도 방법이지만, 추천하지 않습니다. 대문에 '광고받습니다'라는 문구라도 써놔야 사람들은 광고를 하게 되니까요.

다른 카페 대문

위의 이미지도 미리캔버스로 만든 것입니다. 레이아웃 중에서 가장 단순하면서도 가독성이 높은 것은 위의 사진과 같은 설정입니다. 메뉴게시판은 왼쪽에 게시판 템플릿은 직접입력으로 2×1을 초반에는 설정해주고, 점점 게시글이 많아지고 보여줄 것이 많아지면 2×2, 2×3 같이 더 늘리면 됩니다. 디자인을 어떻게 해야할지 모르겠다면, 내가 운영하려는 카페와 비슷한 콘셉트의 카페를 벤치마킹하면서 나만의 디자인을 만들면 됩니다. 하지만 요즘 네이버는 모바일 이용자가 과반수를 차지하기 때문에 초반이라면 카페 대문을 설정하지 않고 운영하여도 됩니다.

카페 운영의 기본 -
카페 초반 운영은 이렇게 해보세요

"만족은 결과가 아니라 과정에서 온다."
- 제임스 딘

카페를 만들거나 인수하게 되면 초기에 실제 회원이 아무도 없습니다. 그런데 카페의 목적은 무엇인가요? 블로그 같으면 사람들이 좋아할만한 키워드를 검색하여 좋은 글을 작성해서 블로그를 운영해가는 것이 일반적인 방법입니다. 사실 온라인 카페도 블로그와 크게 다른 점은 없습니다. 다만 블로그와 카페의 차이점은 블로그는 일반적인 소통 창구이고, 카페는 쌍방향 소통이 주된 목적인 커뮤니티라는 점입니다. 초기에는 게시판 개수를 아무리 많아도 15개 이상은 만들지 말고 그중 메인이 되는 게시판 3~4개를 활용해서 양질의 글을 5개 이상 발행하는 것이 좋습니다. 이때 주의할 점은 '나에게 유용한 글이 아니라 이 카페를 찾아오는 이들의 고민을 해결해 줄 수 있는 글이여야 한다'는 점입니다.

챗GPT(chatgpt, https://chat.openai.com)의 도움을 받으면 글쓰기가 수월합니다. 챗GPT는 대화형 인공지능 모델입니다. 쉽게 말해서 내가 물어보는 걸 인공지능 AI가 답변해줍니다. 예를 들어, 맘 카페를 운영한다고 가정해보겠습니다. 맘 카페에 가장 필요한 것은 동네 맛집, 교육정보, 병원정보 등 지역 소식이겠지만 지역소식을 맨날 올리는 데에는 물리적인 한계가 있을 것입니다. 그럴 때에는 영화추천, 요리레시피 등의 글을 써주면 좋습니다.

You
된장찌개 레시피 알려줘

챗GPT 질문

이렇게 간단하게 한 줄로만 질문을 해도 챗GPT는 다양한 긴 답변을 내놓습니다.

ChatGPT
된장찌개는 전통적인 한국 음식 중 하나로 매우 인기 있는 요리입니다. 아래는 간단하면
서도 맛있게 만들 수 있는 된장찌개 레시피입니다.

재료:

- 된장 3-4큰술
- 물 4컵
- 대파 1대 (다진 것)
- 양파 1개 (적당히 썰어서)
- 마늘 3쪽 (다진 것)
- 고추 1개 (마음에 따라 조절)
- 감자 1개 (적당히 썰어서)
- 무 1/4개 (적당히 썰어서)
- 돼지고기 (또는 소고기) 150g (얇게 채 썰기)
- 물 2컵 (육수용)

네이버 카페 수익화 마스터 클래스

양념:

- 고춧가루 1큰술 (마음에 따라 조절)
- 소금 1/2큰술
- 국간장 1큰술
- 참기름 1큰술

만들기:

1. 된장을 큰 그릇에 넣고 물을 조금씩 넣어가며 풀어줍니다.
2. 냄비에 물 2컵을 넣고 돼지고기를 넣어 육수를 내줍니다. (돼지고기 대신 멸치 등을 사용할 수도 있습니다.)
3. 끓는 물에 육수가 나오면 거품을 제거하고 대파, 양파, 마늘, 고추를 넣어 끓입니다.
4. 육수가 끓으면 감자와 무를 넣고 중불에서 끓입니다.
5. 감자와 무가 익으면 된장을 푼 된장물을 넣어 중불에서 계속 끓입니다.
6. 고춧가루, 소금, 국간장을 넣고 간을 맞춰줍니다.
7. 마지막으로 참기름을 넣고 끓여주면 완성입니다.

된장찌개는 간단하게 만들 수 있는데도 고소하고 맛있어 한국 가정에서 자주 먹는 음식 중 하나입니다. 매운 것을 좋아하신다면 고추를 더 많이 넣어 매운 맛을 더할 수 있습니다. 맛을 조절하면서 즐겨보세요!

챗GPT 답변

이렇게 길게 답변을 해줍니다. 그러면 이러한 답변에 관해 복사 붙여넣기를 하거나, 중간에 틀린 부분이나 부연 설명이 필요하다면 추가로 더 작성해도 좋습니다. 다만 바로 복사 붙여넣기를 하면 네이버 검색로봇에 의해 좋지 않은 점수를 받을 수 있으니, 메모장에 한번 붙여넣기를 한 다음에 복사 붙여넣기를 하여야 점수의 누락 없이 글을 발행할 수 있습니다. 챗GPT에 "요리사처럼 답변해줘!" "된장찌개 레시피 알려줘"라고 글을 써도 되지만, 어떤 주제를 쓸지 모르겠다면 주제 자체를 묻는 질문을 해도 됩니다.

You
맘 커뮤니티를 운영중인데 주제 5개만 알려줘

ChatGPT
맘 커뮤니티를 운영 중이시다면, 다양하고 유용한 주제로 회원들 간의 활발한 소통을 유도할 수 있을 것입니다. 여기서는 다섯 가지 맘 커뮤니티 주제 아이디어를 제시해 드리겠습니다:

1. **육아 팁과 경험 공유:**
   * 회원들끼리 육아에 관한 유용한 조언, 팁, 경험 공유를 할 수 있는 공간을 마련해보세요.
2. **건강한 라이프스타일 소개:**
   * 건강한 식단, 운동, 정신 건강에 관한 정보를 나누고, 서로에게 도움이 될 수 있는 라이프스타일에 대한 토론을 활성화하세요.
3. **취미와 창작 활동 공유:**
   * 회원들의 다양한 취미와 창작 활동에 대한 이야기를 나누는 공간을 만들어보세요. DIY 프로젝트, 공예, 레시피 공유 등이 될 수 있습니다.
4. **부모교육과 성장에 관한 이야기:**
   * 자녀의 교육, 부모로서의 성장, 가족 관계에 관한 이야기를 나누며 함께 성장하는 커뮤니티를 형성해보세요.
5. **커뮤니티 이벤트 및 소모임 안내:**
   * 온라인 또는 오프라인에서의 소모임, 이벤트, 워크샵 등을 주최하고 안내하는 공간을 만들어 회원 간 교류를 촉진하세요.

글쓰기 주제 선택

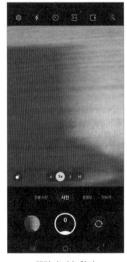

갤럭시 연속 촬영

글만 쓰는 것이 아니라 사진도 넣어주면 게시글 점수에 도움이 됩니다. 사진을 넣는 방법에는 두 가지가 있습니다. 한 가지는 직접 관련된 사물이 보일 때 휴대폰 카메라로 찍는 것입니다. 그리고 갤럭시 갤럭시 휴대폰을 기준으로 사진을 찍는다면 카메라 셔터를 내리면 연속촬영이 됩니다. 조그마한 손떨림에 따라 이미지가 다르고 조금씩 각도를 바꿔서 찍으면 한 컷 당 최대 100개의 사진이 만들어지는데, 이는 유사 이미지에서 벗어나게 해줍니다.

두 번째 방법은 AI를 이용하는 것입니다. 플레이그라운드AI(https://playgroundai.com/)라는 사이트가 있는데요.

플레이그라운드 사진

플레이그라운드 AI는 이미지를 상상해서 이미지를 만들어주거나 완전 새로운 이미지를 만들어줍니다. 12시 방향에 있는 서치(serch) 버튼을 눌러서 쿠킹(cooking)을 검색해보세요.

플레이그라운드 사진 목록

쿡킹(cooking)을 검색하면 요리하는 이미지들이 나옵니다.

플레이그라운드 쿠킹 사진

그냥 다운로드 버튼을 눌러서 사용해도 됩니다. 이 사진을 바탕으로 새로운 사진을 만들고 싶다면 리믹스(remix)를 눌러서 이미지를 만들 수도 있습니다.

플레이그라운드 리믹스 과정

리믹스를 누르면 위와 같은 화면이 나옵니다. 필터는 여러 버전이 있으니 눌러서 확인해 봐도 좋고, 지금처럼 serch(서치)를 통해 내가 원하는 이미지와 유사하게 만들고 싶다면 필터를 굳이 바꿔주지 않아도 됩니다. 프롬프트(prompt)에 있던 문구는 다음과 같습니다.

Robert Pattinson is the batman as a chef in the restaurant kitchen, wearing his costume and an apron, 4k, photorealistic, while cutting onion

이를 번역하면 다음과 같습니다. '로버트 패틴슨은 레스토랑 주방의 요리사로서 배트맨이며, 그의 의상과 앞치마를 입고, 양파를 자르며, 4k, 사진과 같이 현실적입니다.' 여기서 배트맨은 의역으로, 복장을 갈아입으면 전혀 다른 사람이 된다는 의미가 있습니다. Robert Pattinson(로버트 패틴슨)은 남자이름으로 추측됩니다. 이걸 girl(걸, 소녀)로만 바꿔도 여자가 요리하는 모습이 나옵니다.

플레이그라운드의 리믹스된 사진

번역이 필요하거나 serch에서도 내가 원하는 이미지가 없을 경우 파파고(https://papago.naver.com) 번역 사이트에 접속하여 번역하는 것이 좋습니다.

된장찌개를 번역하여 검색한 결과, 다양한 이미지가 나옵니다(ean paste stew).

각종 된장찌개 이미지

아래 Image To Image(이미지 투 이미지)에 구글이나 네이버에서 얻은 된장찌개 사진을 넣고 요청하면 비슷한 사진이 필터에 맞게 나옵니다.

Image To Image 설명

꼭 사진을 창조할 필요는 없고 그냥 다운로드받아서 사용을 해도 됩니다. 아직 한국사람들이 많이 사용하지 않으니까요. 또한 걱정되면 리믹스로 새로 창조만 해줘도됩니다. 리믹스가 어려우신분들은 3. 운영을 쉽게 하는 팁, 유사문서와 이미지 우회 방법을 참고해주시면 됩니다.

리믹스 콘솔

Prompt Guidance(프롬프트 가디언스): prompt의 문구를 얼마나 충실히 이행할 것인가 묻는 질문입니다. 높을수록 가이드대로만 이미지를 생성하기에 7~10이 적당합니다.

Quality & Details(퀄리티 & 디테일스): 그림 품질을 더 높이는 것입니다. 이를 높이면 수준은 좋아지지만 그림을 만들어내는 속도는 늦어집니다.

Refinement(라파인먼트): 그림이미지를 심미적으로 만들어주는 기능이지만 아직 AI가 완벽하지 않아서 사람 팔이 2개인데 4개로도 나옵니다. 객관적인 기준에서는 높이면 퀄리티가 부분적으로는 좋아지겠지만 기괴한 사진이 나올 가능성이 높습니다. 따라서 현재는 0~40 미만으로 천천히 적용해 보는 것이 좋습니다.

카페 운영 상급편

소위 말하는 카페 최적화, 준최적화란 어떤 의미일까요?

"일의 기쁨에 대한 비밀은 한 단어에 들어있다. 바로 탁월함이다.
무엇을 잘 할 줄 안다는 것은 곧 이를 즐긴다는 것이다."
- 펄벅

혹시 온라인 카페 마케팅을 해 본 적이 있으신가요? 혹은 다른 마케팅을 해본 적이 있나요? 하다못해 전단을 나눠주는 것도 마케팅 활동입니다. 네이버 카페 마케팅의 핵심은 바로 '네이버의 규칙에 따라야 한다'는 것입니다.

네이버 카페는 시간과의 싸움입니다. 다른 SNS도 마찬가지겠지만, 한두 달 안에 승부를 보고자 한다면 권하지 않습니다. 하지만 조금 지루한 과정을 계속한다면 회원은 쌓이게 되고, 거기서 결국 핵심 회원들이 생기고 그들이 결국 카페를 이끌어가게 됩니다.

그렇다면 소위 말하는 '온라인 카페의 최적화, 준최적화'는 어떤 의미일까요? 온라인 카페에 관해 설명하기에 앞서 블로그는 준최적화 4, 5, 6, 7

단계가 있고, NB블로그 최적화1, 2, 3, 4가 있습니다. 최적화끼리 등급싸움은 크게 의미가 없지만 블로그는 여러 단계가 있고 구분법이 많습니다.

온라인 카페는 크게 본다면 최적화 3단계와 씨랭크 카페만 있습니다. 보통 거래가 가능하고 구매를 할 수 있는 카페는 최적화 3단계라고 보면 됩니다. 많이 알려진 〈부동산스터디〉, 〈나이키 매니아(cafe.naver.com/sssw)〉 같은 것은 씨랭크 카페로 보면 됩니다.

'거래가 된다'는 의미는 흔히 말하는 2016년 이전 개설된 카페를 의미하는데, 이것이 바로 '3차 카페'입니다. 그렇다고 하더라도 2016년 이전에 개설한 카페라고 해서 모두가 3차 카페는 아닙니다 '씨랭크 카페'는 거래가 되지 않는다고 보는 게 맞습니다. 독자분들 중에서 수억 원 하는 네이버 카페를 구매할 수 있는 분들이 과연 얼마나 계실까요? 그리고 대기업이 아니라면 수억 원이나 하는 네이버 카페를 구매하는 것은 불필요하다고 생각합니다.

씨랭크 카페는 특정 주제와 분야의 키워드에서 3차 카페보다 노출이 무조건 잘 됩니다. 3차 카페는 기본 키워드 상위노출이 됩니다. 최적화 2단계는 '정확도에 노출이 어느 정도 된다고 설명하는 사람도 있지만, 광고용으로 사용하기에 적합한 것은 '3차 카페와 씨랭크' 등급밖에 없습니다. 대부분 거래가 되는 카페는 3차 카페이며, 씨랭크 카페는 특정 주제 키워드가 노출이 3차 보다 무조건 윗 단계라고 여기면 됩니다.

카페정보

카페의 개설년도는 PC버전 기준으로 대부분의 카페는 왼쪽 상단에 연도 수가 표기되어 있습니다.

C랭크, 리브라 이는 무슨 의미일까요?

C랭크는 무엇이고 리브라는 무엇일까요? 이에 관해 질문하는 분들이 많습니다. 보통 블로그에 적용이 되지만 C랭크는 주제별 전문성(?)을 의미하고, 다이아 로직은 글 1개당 전문성, 리브라는 성실성이라고 여기면 됩니다. 2024년 현재, 리브라 로직은 약해졌거나 없어졌다고 보면 됩니다. 다이아 로직도 없어졌다고 생각하면 됩니다. 리브라 로직이 유행했을 때에는 45~60일 사이에 최적화 블로그가 쏟아졌습니다. 카페아이디도 마찬가지입니다. 그러므로 최적화 블로그 가격이 50만 원 하던 시절, 카페아이디가 10만 원 하던 시절, 리브라 로직이 막히고 씨랭크가 생겨나서 처음에는 4차 카페가 생긴 것인지 긴가 민가 할 때 특정 주제 키워드는 특정 카페 블로그도 글 내용보다는 언론사의 개념으로 바뀌었다고 여겼습니다.

몇 년 후 로직이 다이아로 바뀌었을 때 준 최적화 블로그여도 글자 수 1만자, 2만 자 이상이면 노출이 잘 되었습니다. 그냥 글자 수만 많으면 상위노출이 되니까 필자가 봐도 네이버 검색품질이 매우 저하되었습니다. 그 다음 생긴 게 다이아 플러스입니다. 개인적인 생각으로는 C랭크에서 글의 수준도 평가한다고 여겨집니다. 그리고 스마트블록이 생겼지만 초반에는 최적화 기준으로 올라간 경우가 있으나 현재 스마트블록은 기본 준최적화가 되면 원고로 상위노출을 결정해줍니다. 뷰탭이 없어지고 예전처럼 카페와 블로그 탭이 나뉘어져 있어 노출에 있어 카페 글도 노출이 되어서 네이버는 최대한 많은 참여자들에게 공정한 기회를 부여하기 위해 노력하고 있습니다. 카페와 관련한 로직은 객관적으로 '글자 수 몇 자, 금지어 설정'을 의식적으로 하진 않아도 됩니다.

고수가 알려주는 네이버 카페 글 상위노출 하는 법

**"인생에서 실패한 사람 중 다수는 성공을
목전에 두고도 모른 채 포기한 이들이다."**
- 토머스 에디슨

네이버 카페 글을 상위노출 하는 방법은 한마디로 말해서 '최적화 카페'에 '최적화아이디로 글을 쓰면 됩니다. 다만 이 표현이 추상적인 분들은 직접 작성해보기 바랍니다. 가장 간단하게 확인하는 방법은 경쟁이 심한 키워드를 검색해보면 됩니다.

이미 글을 따라해 본 독자들도 있을 것입니다. 만약 글자 수를 분석해서 비슷하게도 써보고 사진도 비슷한 장수로 넣어보며 댓글 개수도 똑같이 맞춰 봐도 노출이 안 되는 이유는 '최적화 카페가 아니고 최적화 아이디가 아닐 가능성'이 있습니다.

블로그는 블로그자체 최적화로만 상위노출이 가능하지만 카페는 카페와 글을 쓰는 아이디 둘 중 하나라도 지수가 낮으면 상위노출이 되지 않

습니다. 단 블로그처럼 글자 수를 '1500자 이상 사진 10장 이상 스크랩을
하는 작업'은 필요 없습니다. 위의 내용이 이해가 되었다면 카페 글 쓰는
방법을 알려드리겠습니다.

키워드 분석 결과

라미네이트 검색결과, 인기 글 블로그는 글자 수가 최소 1,000자 이상
사진은 10장을 넘어서 50장을 넣은 경우도 있습니다. 위의 이미지에는 인
기 글에 카페가 1위에 있지만 카페는 블로그에 비해 인기 글 노출이 불리
합니다. 다만 스마트블록에 있어 카페 인기 글 탭이 있다면 많은 노출을
기대할 수 있습니다. '인기 글에 무조건 1등이 되지 않는다'라는 사실을 반
박하기 위해 '라미네이트'라는 키워드를 예로 들었습니다.

1등으로 있는 카페 글을 보면 총 776자라는 것을 알 수 있습니다. 위의
분석 사이트에서는 카페글을 분석해주지 않기 때문에 직접 세어봤습니다.
심지어 2등 글은 사진이 전혀 없습니다. 이처럼 블로그와 다르게 카페는
최적화 카페(씨랭크)와 최적화 아이디가 중요합니다. 글을 작성한 뒤에 댓

철도청[치아턱교정치과보험양악수술임플란트미백돌입안티성형] · 2일 전

라미네이트 비니어, 무삭제로 가능할까?

라미네이트 비니어는 하얀 치아, 가지런한 치열을 위해, 심미적인 개선을 위해 실시하는 시술입니다. 앞니가 누렇고 치열이 고르지 못할 때 치아 미백 또는 치아교정을 통해 최대한 자연치아를 보존하면서 개선을 할 수...

RE 치아크기에 따라 **라미네이트**비니어 무 삭제 가능여부 알수있죠

RE 완전무삭제도 가능한 경우도 있는데 의사테크닉이 있어야 가능하다고 합니다.

카페 파우더룸 [화장품.뷰티.쇼핑.일상] · 3일 전

라미네이트 해보신분 계실까요?

전체적으로 부정교합이거나 하지는 않는데 앞니가 살짝 삐뚤어서 앞니하자고 교정하기에는 시간도 비용도 너무 아까워서 **라미네이트** 알아보는 중이예요 퇴근하고 상담받아보고싶은데 압구정 근처 **라미네이트** 잘 하는 치과있을까요?

RE 압구정 드림치과에서 저도 얼마전에 만족스럽게 했어요! 상담 한번 해보세요 ...

RE 저도 알아보는 중인데 압구정 쪽은 드 림치과 유명하더라고요~

철도청[치아턱교정치과보험양악수술임플란트미백돌입안티성형] · 1주 전

무삭제**라미네이트**비용, 알아볼 때 주의사항은?

라미네이트를 위해 다량의 치아를 삭제하는 것은 자연치아의 기능을 상실케 하기 때문에 환자 입장에서는 부담이 될 수밖에 없습니다. 때문에 치아 삭제를 거의, 또는 아예 하지 않는 무삭제**라미네이트**비용을 알아보는 경...

라미네이트 키워드 검색결과

글을 최소 1개 이상 달아주면, 부스터를 받아서 상위 경쟁이 가능합니다. 이번에는 카페에 글을 작성하는 방법에 대해서 알려드리겠습니다.

라미네이트 카페 글 중 무려 2등으로 노출이 된 게시물을 분석해보면 다음과 같습니다. '올리고 싶은 키워드 라미네이트, 내용에도 라미네이트 2번 반복' 그 이후에는 댓글로 부스터를 통해 상위노출을 시킨 사례입니

네이버 카페글

다. 두 번째 분석 글을 보면 다음과 같습니다.

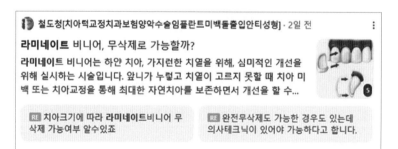

라미네이트 비니어 상위노출 글 분석

위의 글은 사진 5장과 댓글 3개 글자 수 776자로 작성되었습니다. 라미네이트 키워드 반복은 8회를 하였고, 라미네이트 뿐만 아니라 연관 키워드인 '라미네이트 비니어'라는 키워드도 같이 잡았습니다.

이러한 사례를 비교하여 글을 작성하시면 됩니다. 카페 글만 상위노출을 원하는 거라면 사진을 굳이 넣지 않아도 됩니다. 글자 수 200자 이상에 제목을 키워드에 넣고 내용에 키워드 반복 1회, 댓글 4개 이상 작성하고, 카페 글과 인기 글 스마트블록에 뜨고 싶다면 사진 최소 3장 이상 글자 수 500자 이상 키워드 반복 6회 이상을 하는 것이 이상적입니다.

물론 검색을 해본다면 사진 수도 더 적을 수 있고 글자 수도 적을 수 있으며, 키워드 반복도 훨씬 적을 수 있지만 위의 가이드 라인과 키워드에 이미 상위노출이 되어있는 키워드들을 참고하여 글을 작성하면 됩니다. 모든 키워드가 경쟁이 있는 것이 아니니까요.

'한마디로 카페 글 상위노출을 하고 싶은데 어떻게 하나요?'라는 질문에 답을 한다면, "가장 중요한건 카페이고, 그다음은 최적화 아이디가 준비되어야 하고, 그 다음이 글입니다. 글은 1,000자 이상, 사진 10장 이상 댓글 9개 이상이 되어야 합니다."라고 말합니다. 하지만 모든 키워드에 그런 공식이 적용되는 것은 아니라는 점을 사례를 통해 알려드렸습니다. 물론 글쓰기를 좀 더 쉽고 간편하게 하는 방법도 설명하고 있으니 참고하시기 바랍니다.

운영을 쉽게 하는 팁,
유사문서와 이미지 우회 방법

"할 수 있는 일을 해낸다면, 우리 자신이 가장 놀라게 될 것이다."
- 토마스 A. 에디슨

네이버의 유사문서는 원본을 노출시키고자 합니다. 다시 말해 다양한 영역에서 생산되는 콘텐츠 중 원본만 노출시키고 모방 및 표절, 베끼는 콘텐츠는 노출시키지 않겠다는 뜻입니다. 예를 들어 A가 상위노출을 시킨 글이나 사진이 있다고 한다면, B가 그 글을 그대로 베껴서 올리면 노출이 되지 않습니다. 반대로 이야기하면 A가 2020년도 1월 1일에 작성한 글이 있다면, B블로그에 2020년 1월 1일 이전 글을 아무거나 발행된 것을 갖고 A가 쓴 글과 동일하게 쓰고 글을 내리는 유사문서 공격도 있습니다. 유사문서는 이처럼 공격으로도 사용할 수 있습니다. 하지만 공격적으로 사용하게 되면 결과적으론 저작권법에 걸리게 되어 법적으로 문제가 될 수 있으니 주의하세요. 그 다음으로 이미지를 중복으로 쓰면 안 되는지가 궁금하시지요? 이미지를 중복으로 쓰는 경우는 크게 두 가지가 있습니다.

픽사베이

제가 많이 받는 질문 중 하나는 "픽사베이(이미지를 저작권 없이 자유롭게 사용할 수 있는 사이트) 같은 곳에서 사진을 가져와서 글을 써도 되나요?"와 두 번째는 "내가 찍은 사진을 여러 번 글에 활용해도 되는지요?"입니다.

첫 번째 질문의 답변은 원칙적으로는 사용을 하면 안 되지만 같은 키워드에 같은 사진을 도배하는 것만 아니면 누락되는 일이 적기에 저는 중복해서 사용합니다. 카페는 블로그 보다는 사진 때문에 검색누락이 되는 경우가 적습니다. 두 번째 질문으로는 "내가 만든 사진이여도 여러 번 중복해서 사용해도 되는가?"에 대한 질문입니다. 이것 또한 그대로 사용을 해도 됩니다. 중복된 사진을 몇 번 사용한다고 해서 아이디나 카페가 바로 저품질이 되는 경우는 매우 드뭅니다. 카페 글 노출은 블로그처럼 글자수에 대한 제약이 크지 않기 때문에 글 중복을 굳이 할 필요가 없습니다.

다만 글 내용은 다르게 적어주는 게 좋습니다. 이렇듯 귀찮다면 챗GPT를 이용해서 문맥이 맞지 않더라도 노출이 됩니다. 블로그는 글자 수와 글 내용에 대한 알고리즘이 있다면 카페는 단순하게도 카페(씨랭크)와 최적화 아이디, 이 두 개만 있으면 글이 아무리 주제와 맞지 않더라도 노출이 되며 추후 누락도 없습니다. 신고를 많이 당해도 말입니다. 무료 이미지 사이트 2024년 9월 기준, 그 이후는 사이트 내부 규정을 참고해서 사용하세요.

- **픽사베이:** https://pixabay.com
- **푸디스피드:** https://www.foodiesfeed.com
- **스톡스냅:** https://www.istockphoto.com

이미지를 중복으로 사용해도 되지만, 그것이 껄끄러운 사람들에게 편하게 수정하는 방법을 알려드리겠습니다.

네이버 글쓰기 에디터

등록된 사진을 더블클릭하면 스마트에디터라는 네이버에서 제공하는 이미지 편집 툴이 나옵니다.

네이버 사진 에디터

네이버 사진 에디터 앨범 적용

스마트 에디터를 통해 사진 테두리 부분에 흰 줄이 생겼습니다. 이렇게 수정해서 올려도 됩니다.

네이버 사진 에디터 텍스트 적용

액자를 많이 사용했다면, 스마트에디터 기능인 서명 기능을 통해서 계속 다른 말을 넣어서 유사문서를 피해 갈 수 있습니다. 블로그와 달리 카페는 '개인이 자유롭게 소통하는 커뮤니티'라는 점에서 블로그보다 유사문서의 기준이 가볍다는 것을 알 수 있습니다. 포토스케이프나 이미지의 색을 조절하는 프로그램도 있지만, 독자 분들은 스마트에디터만 익숙해지시더라도 굳이 프로그램을 다운받고 설치하지 않으셔도 됩니다. 나중에 고수가 되면 자연스럽게 프로그램을 찾게 될 것입니다. 즉, 이미지에 줄 하나만 쳐져 있어도 네이버 유사문서 봇은 다른 사진으로 인식합니다.

카페와 블로그 저품질이란 도대체 무엇일까요?

"나를 믿어라. 인생에서 최대의 성과와 기쁨을 수확하는 비결은 위험한 삶을 사는 데 있다."
- 프레드리히 니체

소위 말하는 '저품질'은 무엇일까요? 최적화는 익숙하게 들었지만 저품질은 생소한 말일 수도 있겠네요. 저품질은 한마디로 말해서 최적화에서 풀린 것입니다. 카페와 블로그는 마찬가지로 최적화 3단계였다고 하더라도 저품질을 당하면 일반 단계보다 아래로 내려갑니다. 흔히 일반 사람들의 상식으로는 3단계 밑이면 2단계 그다음은 1단계로 내려가는 게 정석이지만, 한 번에 요즘말로 '나락으로 가버립니다.' 그러므로 카페와 블로그는 한번 저품질이 되면 다시 기사회생하기가 어렵습니다. 조금 심하게 말하면 그동안의 노력과 성과가 모두 물거품이 됩니다. 하지만 불행 중 다행히도 카페는 일반 회원들이 어느 정도 활동해 준다면 저품질이 되지 않습니다. 그리고 일반 회원들의 활동으로 다시 살아날 가능성도 있습니다.

그렇다면 왜 저품질을 당하게 되는지 알아야 되겠지요? 어뷰징(남용, 악용, 학대, 욕설 등을 뜻하는 영어 단어인 Abuse[어뷰즈]에서 파생된 단어로 주로 온라인 게임에서 버그, 핵 등의 불법 프로그램, 타인 계정 도용, 다중 계정 접속 등을 통해 부당한 이득을 챙기는 행위)이나 사회에 반하는 활동을 하거나 운영자가 불법적인 광고를 받았거나 기타 등이 그 이유입니다. 블로그는 노출이 전부이기 때문에 노출을 못하게 되면 다시 회생이 불가능합니다. 블로그를 초기화하여 다시 만들거나 여러 가지 방법을 동원하여도 그런 정도의 노력으로는 단시간에 만회할 수 없습니다. 카페 또한 관리하지 않아도 최적화가 풀리는 일은 거의 없으며, 일반적으로 활동성이 있는 카페가 저품질이 되는 건 본 적이 없습니다.

카페 어뷰징 및 불법광고로 인한 이용제한이 걸린 경우에는 낮은 확률로 최적화 카페가 저품질 카페가 되긴 하지만 100%는 아닙니다. 그러므로 카페의 저품질화는 걱정하지 않아도 됩니다. 단, 카페 최적화 아이디는 저품질에 종종 걸리곤 합니다. 이는 광고를 많이 해서 네이버 기능인 신고를 많이 당해서 아이디가 저품질되는 일이 대다수입니다.

하루에 광고 글은 2개를 쓰든 10개를 쓰든 저품질과 연관이 없습니다. 다만 그 광고 글 개수가 많아지면 신고를 당할 가능성도 높아지는 것이기 때문에 이를 조심해야 합니다. 카페 광고를 많이 하는 업체에서는 광고 글 10개당 일상 글 1~2개를 작성합니다. 그 일상 글은 다음의 이미지처럼 작성해도 무관합니다.

이런 식으로 사진을 군이 넣지 않아도 됩니다. 말이 어느 정도만 되게

카페의 일상글

작성을 해도 충분합니다. 다만 이런 일상 글을 올릴 때는 최소 3차 최적화 카페에 적는 것이 좋습니다.

예전에는 부동산 카페에 이슈가 될 만한 글을 작성한 다음에, '댓글을 많이 받으면 좋다' 혹은 '댓글을 막아서 답 글을 많이 받으면 좋다'라는 말들이 많았지만, 광고를 많이 작성한 다음에 일상 글을 작성하는 게 요즘 추세입니다. 물론 요즘은 일상 글을 안 쓰는 사람들도 많습니다. 효과가 없다고 여기는 것입니다. '최적화 아이디를 오래 쓰려면 일상 글을 써야 한다'는 말은 100% 결과 값으로 나온 것은 없습니다. 단지 체감 상 그런 것입니다. 작성하는데 오랜 시간이 걸리는 것은 아니므로 쓰는 것을 추천합니다.

네이버 카페 노출 괴담, 그것이 알고 싶다

네이버 카페를 운영하는 필자에게는 여러 가지 카페 운영에 관한 괴담에 관해 질문하는 일이 종종 있습니다. 그중에서도 가장 많이 들어본 것은 바로 '2013년 6월 이전에 개설된 카페만 노출이 잘 된다'는 것입니다. 이 말을 바로 반박해보겠습니다. 네이버 카페 홈에서 제목을 복사하여 네이버에 검색해보기 바랍니다. 그러면 노출되는 카페를 곧 발견하게 됩니다. 아마도 이와 같은 '2013년 6월 이전에 만들어진 카페만 노출된다'는 괴담은 강사들이 뭐라도 정확한 공식을 제시하면서 강의해야 하기 때문에 생긴 근거 없는 루머가 아닌가 싶습니다.

두 번째로 '카페가 최근에 개설된 것이어야 노출이 잘 된다'는 것은 정말 그런 지에 관해 질문하는 경우가 많습니다. 그런데 이것 또한 말이 되지 않습니다. 카페의 개설 일은 노출에 아무런 영향을 주지 못합니다. 과거에 만들어진 카페이건 최근에 개설된 카페이건 노출에 영향을 주는 것은 아닙니다. 다시 정리하자면, 카페 등급과 회원 수는 카페의 노출에 전혀 영향을 주지 않습니다. 다만 카페에 유입되는 회원들에게 친숙함과 신뢰도를 높이는 수단일 뿐입니다.

온라인 카페 등급, 이것만 알면 된다

카페 등급은 '씨앗부터 숲까지의 등급이 있습니다. 간혹 카페 등급이 올라가면 노출에 유리할 것이라고 생각하는 분들이 계신데, 운영상 전혀 도움이 되지 않습니다. 카페 등급이 올라가면 좋은 점은 딱 두 가지입니다. 첫째, 광고주에게 카페 등급이 높으니 광고비용을 조금 높게 책정할 수 있다는 점, 둘째, 카페 내부 인원들의 사기가 높아지는 점입니다. 다만 네이버에서 진행하는 카페 이벤트가 있을 때 커트라인을 '가지단계'로 두는 경우가 있으니 참고하세요.

씨앗등급		새싹등급		잎새등급		가지등급		나무묘목		나무등급	
단계	활동점수	단계	활동점수	단계	활동점수	단계	활동점수	단계	활동점수	단계	활동점수
1단계	0	1단계	550	1단계	2,000	1단계	4,000	1단계	50,000	1단계	200,000
2단계	30	2단계	800	2단계	2,400	2단계	5,000	2단계	80,000	2단계	250,000
3단계	80	3단계	1,100	3단계	2,800	3단계	8,000	3단계	110,000	3단계	300,000
4단계	200	4단계	1,400	4단계	3,200	4단계	15,000	4단계	140,000	4단계	400,000
5단계	350	5단계	1,700	5단계	3,600	5단계	30,000	5단계	160,000	5단계	500,000

카페 등급 점수표

활동 점수 = 앱구동 횟수 x 0.3 + 게시글 수 x 5 + 검색조회 수 x 0.5 + 댓글 수 x 2 + 가입멤버 수 x 3 + 조회멤버 수 x 7

(삭제 게시글 -10 / 삭제댓글 -1 / 탈퇴멤버 -6 정도의 예측이 가능)

그 누구도 알려주지 않는
카페 최적화 아이디를 관리하는 방법

"이 세상에 보장된 것은 아무것도 없으며 오직 기회만 있을 뿐이다."
- 더글러스 맥아더

이 챕터는 카페 최적화 아이디를 이미 기존에 갖고 계시거나 구매를 해서 보유하고 있으신 분들은 참고하시면 좋습니다. 최적화 아이디가 비실명일 경우에는 광고에 조심하여야 합니다. IP 제한으로 인한 보호조치는 이름, 생년으로 1회 보호조치를 해제할 수 있으며, 이용제한 보호조치는 가입 시 입력했던 휴대폰번호 인증을 받아야 하기 때문에 실명인증을 받고 사용하는 것이 좋습니다.

아이디가 보호조치에 걸리는 과정은 딱 1개 IP에서 하나의 최적화 아이디를 로그인한다면 상관 없겠으나, 1개의 IP에서 3개의 최적화 아이디를 사용한다고 가정하면 3개 중 1개만 아이디 저품질이 오더라도 나머지 2개도 같이 저품질이 될 가능성이 매우 높습니다. 또한 쿠키를 항상 새롭게 만들어서 저품질 위험을 낮추는 게 좋습니다. 쿠키를 항상 새롭게 하는 방법으로는 크롬 브라우저를 다운받아 주세요.

크롬 브라우저에서 컨트롤(ctrl) + 쉬프트(shift) + N을 누르게 되면 새로운 검은색 크롬창이 나옵니다. 그 창이 시크릿모드이며, 시크릿모드 창을 껐다가 켜면 모든 쿠키는 초기화가 되고 다시 켜면 새롭게 시작됩니다.

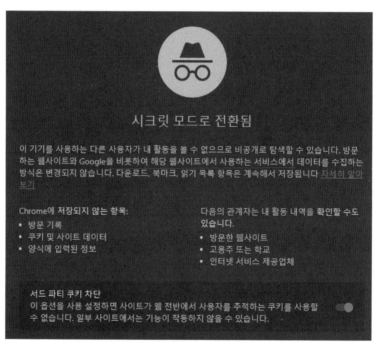

크롬 시크릿 모드 화면

이 화면이 나오면 성공입니다. 이 화면에서 주소창에 네이버를 검색한 뒤에 로그인하면 됩니다. IP 관리는 기본 IP를 사용하는 것도 큰 상관이

네이버 카페 수익화 마스터 클래스

없습니다. 최적화 아이디나 소중한 아이디를 로그인할 때에는 테더링으로 IP 변경 ⇒ 크롬 시크릿창으로 로그인, 이 과정을 꼭 지켜주세요.

테더링으로 접속을 한다고 해서 무조건 문제가 생기지 않는 것이 아닙니다. 국내 통신사 IP는 한정되어있기 때문에 운이 나쁘면 그 전 사용자의 스팸행동으로 내 아이디가 피해를 볼 가능성도 간혹 있습니다. 그래서 대부분 통신사는 IP 대역이 가장 많은 KT를 사용하는 것이 좋습니다. VPN은 아무리 깨끗한 것이라고 해도 과거 이력이 남아 있을 가능성이 높습니다. 그러므로 KT요금제 스마트폰을 사용하는 것이 좋습니다. 통신사 추천도 KT〉SK〉LG입니다. 테더링하는 방법은 부록을 참고해주세요.

최적화 아이디(네이버) 실명인증 받는 방법

네이버 메인

자물쇠 옆에 있는 네이버ID를 클릭해주세요.

아이디 관리 화면

오른쪽에 실명인증을 눌러서 진행하면 됩니다. 실명인증을 할 때 주의할 점은 1인당 네이버아이디를 3개까지 할 수 있습니다. 그러므로 중요한 아이디 오래 사용할 아이디만 실명인증을 하는 것이 좋습니다.

카페와 블로그는 한번 저품질이 되면 다시 기사회
생하기가 어렵습니다. 조금 심하게 말하면 그동안
의 노력과 성과가 모두 물거품이 됩니다. 하지만 불
행 중 다행히도 카페의 경우에는 일반 회원들이 어
느 정도 활동해 준다면 저품질이 되지 않습니다. 그
리고 일반 회원들의 활동으로 다시 살아날 가능성도
있습니다. 카페는 관리하지 않아도 최적화가 풀리
는 경우는 거의 없습니다. 또한 일반적으로 활동성
이 있는 카페가 저품질이 되는 건 본 적이 없습니다.

PART 3

이것이 바로
카페 회원을 늘리는
비법입니다

이렇게 하면
포스팅 경쟁도를 파악할 수 있습니다

"내가 목표에 달성한 비밀을 말해줄게. 나의 강점은 바로 끈기야."
- 루이 파스퇴르

온라인 카페의 생명은 회원 모집이라고 해도 과언이 아닙니다. 회원을 단순히 많아 보이게 하는 작업은 쉽습니다. 하지만 단순히 보이는 회원 수가 많다고 하여 그들이 모두 활동하는 것은 아니지요. 그렇게 어뷰징 작업으로 회원을 만드는 것은 바람직하지 못합니다. 회원을 많아 보이게 하는 작업이 무조건 안 좋다는 것은 아닙니다. 단지 진성 활동이 10이라면 5나 10을 늘려주는 것이 좋지, 무턱대고 늘린다면 이용자에게 혼란만 가져다 줄 뿐입니다. 앞서 말했듯이 카페 등급은 카페에 아무런 영향을 주지 않습니다. 그러므로 이를 잘 인지하고 카페 운영을 하기 바랍니다. 예전에는 '3차 최적화 카페 등급'만 되면 모든 키워드들이 노출되었습니다. 그러다가 C랭크 카페 개념이 생기면서 특정 카페에 답글 방식으로 글을 작성해서 노출을 시켰습니다. 답글을 쓰는 이유는 C랭크 좋은 카페 운영자 몰래 써야 했기에 안 보이게 카페 게시물의 답글 기능을 사용했었던 것입니다.

☐	가입인사 안녕하세요~ [7]	지아아	2023.09.05.	10
☐	와글와글 수.. 오늘도 피곤하네요	하늘이랑 ☆	2023.09.05.	1
☐	와글와글 수.. 다들 점심 뭐드시나요	행복하자우리 ☆	2023.09.05.	2
☐	와글와글 수.. 전복칼국수예요 [2]	빠나나 ☆	2023.09.04.	5
☐	sk브로드밴드 전주 지역 할인이 엄청나네요 ☺	SK브로드밴드 ☺	2023.09.04.	5
☐	새로운 간편.. 저녁 고민이네요~~ 답글 1 ·	키으동 ☆	2023.09.04.	2
☐	답글입니다 ☺		10:36	0
☐	전주살이 TIP [육아] 공주 왕자 옷을 구경하세요 ☺	heayeng42 ♥	2023.09.04.	9
☐	가입인사 안녕하세요!! [5]	무무키 ☆	2023.09.03.	8
☐	가입인사 안녕하세요 [5]	전주핵신맘 ☆	2023.09.01.	8
☐ 전체선택			등급변경	삭제

〈 이전　21　22　23　24　25　26　27　28　29　30　다음 〉

카페 답글

이렇게 답 글로 작성하게 되면 뒤 페이지에서 카페 운영자는 작성을 하였는지 확인하기가 어려워서 답글로 몰래 작성하였습니다. 지금은 답글로 작성하면 상위노출이 되지 않습니다. 그러다가 답 글로 쓰는 글 노출을 네이버에서 막고 이제는 C랭크 카페 운영자에게 게시판 사용료를 주고 노출하는 지경에 이르렀습니다. 왜 그럴까요?

기본 3차 카페에서 어느 정도 노출이 되는 C랭크 카페를 만들려면 시간과 노력이 필요합니다. 따라서 본격적으로 만든다는 가정 하에 3차에

서 C랭크까지 가는데 필요한 시간은 최소 6개월 이상이 걸리고 언제 되는

지는 아무도 모릅니다. 다만 6개월 정도 일주일에 10개 이상의 관련 게시

물을 작성하였을 때, 법률 쪽 씨랭크를 필자가 만들었습니다. 필자가 운

영하는 다른 카페들은 자연스럽게 다 된 거라서 인위적으로 만드는 건 꽤

오랜 시간이 걸립니다.

모발 이식 카페 검색 결과

다시 말해 현재 카페 답 글 기능으로는 상위노출이 되지 않고 카페 상위노출의 전체적인 노출 지수는 기본적으로 3차 카페 베이스라는 전제 하에, 특정 키워드, 즉 가전제품에 강하거나 모발이식 분야에서 잘 노출되는 카페들이 있습니다.

'모발이식'이라는 키워드로 상단노출에는 모발이식관련 카페가 노출이 좋고, 모발이식에 관련된 키워드가 노출되지만, 맘 카페는 여러 가지 키워드의 씨랭크가 적용된 상황이 많아서 여러 키워드 노출에 유리합니다. 보통 '강한 키워드'가 노출되는 카페를 '4차 카페'라고 하는데, 이는 잘못된 표현이라고 말할 수 있습니다. 이는 씨랭크 카페라고 하는 표현이 옳습니다.

이것이 바로 회원을
혹하게 하는 정보제공 법입니다

"내가 목표에 달성한 비밀을 말해줄게. 나의 강점은 바로 끈기야."
- 루이 파스퇴르

운영자가 유명하다면, 아마도 일부러라도 온라인 카페에 찾아올 것입니다. 하지만 일반인들이 아무리 자신이 관심사 정보가 있는 온라인 카페라고 하더라도, 아무런 메리트 없는 곳에 찾아와 회원을 가입하는 일은 쉽지 않습니다. 그렇다면 운영자는 어떤 정보를 어떻게 주어야 할까요?

첫 번째, 회원들에게 도움이 될 만한 소책자를 제공합니다. 그 카페 주제에 맞고 회원에게 유익한 정보를 준다고 하는 것이지요. 10페이지 내외의 PDF 형태면 됩니다. 예를 들어, 탈모관련 카페라면, '내가 직접 경험한 6개월 안에 머리카락이 나는 비법'처럼 매력적인 제목은 필수겠지요. 카페 회원이 생각하기에 가치가 있다고 느껴지는 자료를 만든 다음, '글 3개, 댓글 10개' 혹은 다른 카페에 우리 카페 홍보 혹은 블로그에 홍보 글을 쓰면 전자책을 준다고 글을 올리면 사람들은 많이 합니다.

필자가 초기에 했던 방법은 '무료로 사주를 봐준다'는 이벤트였습니다. 공무원 승진 및 여러 개인 프라이버시가 있는 자료를 무료라고 하니까 가감 없이 보내주었습니다. 물론 저는 사주를 볼 줄 몰라서 무료 사주사이트에서 조회를 한 뒤에 알맞은 조언을 했던 기억이 납니다. 탈모에 대해서 하나도 모른다면 유튜브 내용을 짜깁기하거나 챗GPT를 이용해서 정보를 요약해서라도 제공해야 합니다. 누가 보더라도 좋지 않은 정보를 주는 것은 정기적으로 볼 때 카페 운영이나 도덕적으로 지향할 점이 되지 못합니다. 카페에 사람들이 모이는 목적은 '자신의 욕구를 해소하기 위해서'입니다. 다시 말해, 문제를 해결하고 싶거나, 정보를 알고 싶거나 혹은 즐거움을 추구하기 위해서이죠. 카페 내에 있는 정보뿐만 아니라 관심 분야에 관한 소통 등 다양한 욕구를 충족시켜줄 수 있는 카페를 만드는 것이 좋습니다.

두 번째는 역시 크고 작은 규모의 이벤트입니다. 아무리 카페를 인수해도 아무것도 없는 카페에 가입해 주러 오는 이는 없습니다. 그러므로 오픈 이벤트는 '오 이렇게나 많이?'라고 할 만큼 매력적인 혜택을 주는 것이 좋다고 생각할 수 있습니다. 그래서 많은 카페 운영자들이 '치킨을 쏘는 이벤트' 등 단발성 행사를 합니다. 카페 회원들에게 금전적으로 너무 매력적인 혜택을 줄 필요는 없습니다. 많은 사람들이 기억할지 모르겠지만 쿠팡은 초기에 홍보를 할 때 '가입하면 2만 원, 가입시킨 사람도 2만 원'씩 지급했습니다. 당시 저는 이런 이벤트로 필자도 많은 돈을 벌었던 기억이 있습니다.

이처럼 자본가가 할 수 있는 광고 방법이 있고, 카페 운영자가 할 수 있는 방법이 있습니다. 한 달에 300만 원을 벌고 부업으로 카페를 운영하려는 사람이 있다고 가정해 봅시다. 그럼 카페 회원에게 얼마를 써야 될까요? 3천만 원을 버는 사람은 얼마를 써야 될까요? 물론 정해진 것은 없습니다. 필자가 카페를 운영했을 때 기억나는 일은 빼빼로데이 때, '빼빼로데이'에 대한 삼행시만 지어도 빼빼로 한 갑을 준다고 했었습니다.

당시 빼빼로는 약 천 원 중반 대였습니다. 작은 카페에만 활동을 독려해보려고 빼빼로 삼행시 짓기 이벤트를 했습니다. 그런데 카페 회원 중 누군가가 〈짠돌이, 재테크, 0원으로 살기〉 이런 커뮤니티에 이 이벤트를 공지했고 한 시간도 안 되어 참여자가 3백 명이 넘어서 도중에 중지한 기억이 있습니다. 이처럼 큰 허들이 없는 이벤트를 할 필요는 없습니다. 이벤트도 좋지만 아무 대가 없이 열심히 하는 사람들에게 소소하게라도 도움이 될 수 있는 이벤트를 하거나, 특정 계절 혹은 명절이나 주제로 캠페인을 할 수 있는 이벤트를 하는 것이 좋습니다. 절대로 아무나 참여할 수 있는 진입정벽이 낮은 이벤트는 하지 마세요. 그런 비용과 노동력이라면 카페에 정보성 글이나 활성화 글을 올려서 활성도가 높아 보이게 하는 게 더 낫습니다.

세 번째는 꾸준한 외부 SNS 홍보활동입니다. 그렇다면 외부 SNS 활동에는 무엇이 있을까요? 블로그, 당근마켓, 구글광고, 밴드, 페이스북, 일반커뮤니티 등이 있습니다. 일반 커뮤니티는 구글에 커뮤니티 순위를 검색하시면 여러 맞춤형 사이트가 나옵니다. 거기에 방문해서 가입해 보시는 것도 좋습니다. 그래야 트렌드를 알 수 있고 좋은 아이디어도 얻을 수 있습니다.

네이버 블로그로 카페를 홍보하는 것은 필수적으로 해야 합니다. 앞서 말했듯이, 〈아프니까 사장이다〉 카페는 블로그로 크게 성장하였습니다. '사업자'와 관련된 검색을 하면 이 카페로 많이 이동이 되었습니다. 지금은 블로그 탭과 카페 탭이 분리되어 있고, 카페 인기글 같은 기능이 생겼지만, 예전에는 VIEW 탭으로 카페 글, 블로그 글이 통합되어서 보였습니다. 카페는 블로그에 비해 노출도가 떨어져서 블로그로 글을 써야 상위노출이 용이했던 시절이 있습니다.

〈은퇴 후 50년(cafe.naver.com/dlxogns01)〉이라는 카페도 블로그로 많이 홍보를 하고 있습니다. 벤치마킹을 하고 싶다면 카페 링크를 네이버 검색창에서 검색하거나 카페이름을 검색하면 그 카페가 홍보했던 블로그 내역이 나옵니다. 그걸 자신의 주제에 맞게 변형해서 홍보하면 됩니다.

당근마켓은 카페 같은 커뮤니티는 당근 광고 게재가 안 됩니다. 이례적으로 〈장사의 신(m.cafe.naver.com/jangsin1004)〉 카페는 홍보를 허용해주었는데요. 필자가 연구한 바로는 맘 카페로 3개를 넣어봤지만 전부 반려되었고, 당근마켓에서 무료나눔을 통해 홍보를 진행한 적이 있습니다. 맘카페는 그 지역에 있는 학원과 연계하여 그 학원에 방문하면 '눈사람 만드는 도구'를 증정한 적이 있었습니다. 눈사람 만드는 도구는 도매꾹에서 저렴한 것을 골라서 구매해도 됩니다. 학원원장은 학원에 사람을 유치시

커서 전단 한 장이라도 줄 수 있고, 인간적인 커뮤니케이션을 진행할 수 있어서 좋고, 저는 카페에 회원을 늘릴 수 있어서 좋았습니다. 다만 초기에 그 지역 커뮤니티를 선점하지 못해서 계속 진행하진 않았습니다.

구글 광고와 페이스북(메타) 광고는 네이버 파워링크에 비해서 비용이 적게 나갈 수 있습니다. 구글 광고는 네이버처럼 광고 클릭 당 단가를 높게 주는 업체 것을 무조건 올려주는 게 아니라 구글 광고AI가 광고를 자동으로 최적화시켜주고, 그 키워드에 맞는 검색 광고를 제공하기 때문에 네이버에 비해서 상대적으로 적은 비용으로 광고할 수 있습니다.

밴드나 기타 커뮤니티는 가입하여 글을 작성하는 건 좋지만, 밴드도 큰 밴드에서는 카페로 유입하게 되면 정지 당하는 사례가 많고 큰 커뮤니티 디씨, 뽐뿌 등에 카페 홍보를 너무 직접적으로 하지만 않으면 관리자가 일일이 볼 수가 없고, 그 글을 본 회원이 신고만 하지 않는다면 광고여도 삭제되지 않는 일이 많습니다. 네이버의 규모가 큰 카페 또한 모든 것을 관리할 수는 없기 때문에 홍보 글을 쓸 때 정지를 각오하더라도 직접적인 효과를 위해 하는 일도 많이 있습니다.

클릭을 받는 포스팅은
어떻게 써야 할까요?

"가장 큰 위험은 위험없는 삶이다."
- 스티븐 코비

네이버 키워드 광고에 대해서 알고 계시는지요. 네이버 키워드 파워링크 광고는 클릭 당 돈을 받는 형태로 단순히 노출에 대해서는 광고비를 받지 않습니다. 이런 광고를 CPC(Cost Per Click)라고 하는데요. 네이버 카페 노출은 카페최적화 아이디, 최적화 두 가지가 이루어져만 노출이 됩니다. 그런데 여기서 노출과 클릭이 되는 건 무료라는 의미입니다. 온라인 카페는 글을 쓸 때 블로그처럼 '글자 수 1,500자 이상, 사진 10장 이상'과 같은 규칙을 따르지 않아도 됩니다. 사진이 하나도 없는 포스팅이라고 하더라도 상단에 노출이 된다는 의미입니다. 그러므로 글쓰기에 관한 부담이 블로그 보다는 훨씬 덜합니다. 단지 카페 글 상위노출을 위해서는 댓글을 달아야 합니다.

카페검색을 통해 가습기 등 여러 키워드들을 검색하게 되면, 댓글이 0개인데 상위노출이 된 게시글은 없을 것입니다. 앞서 말했듯이, 카페 글의 상위노출을 위해서는 '최적화 카페 + 최적화 아이디 + 댓글'이 중요합니다. 그리고 글을 쓴 IP랑 댓글을 쓴 IP는 달라야 합니다. 글을 쓴 IP가 A라면, 댓글 10개를 작성한다면 B라는 IP로 댓글을 10개 다 작성하여도 됩니다. 댓글을 작성하는 IP는 글을 쓴 IP와만 다르면 되기 때문에 댓글로 로그인하는 아이디마다 IP를 바꿀 필요는 없습니다. 그리고 카페에 글 쓰는 아이디와 댓글을 작성하는 아이디는 '실명 아이디건, 비실명 아이디'건 아무런 차이는 없습니다.

다시 말하지만 카페글 상위노출에는 댓글 등록이 필수입니다. 스크랩이나 좋아요는 카페글 상위노출에 큰 영향은 없으며, 댓글이 가장 중요합니다. 카페 댓글은 추가 점수라고 생각하면 됩니다. 블로그도 스크랩이 추가 점수입니다. 하지만 이 추가 점수에는 리미트(제한)가 있기 때문에 오남용하면 오히려 악영향을 줄 수 있습니다. 댓글이 없다면 경쟁이 조금이라도 있는 키워드는 상단에 진입이 불가능하다고 볼 수 있습니다.

댓글을 작성할 때는 키워드를 넣어주면 0.1점이라도 더 도움이 됩니다. 자동차 리스 노출을 하고 싶다면 '자동차 리스'를 댓글에 꼭 넣어줍니다. 전부 '자동차 리스'를 하기 보다는 '자동차 리스 가격, 자동차 리스조건' 등 서브 키워드들을 선별해서 넣는 것이 중요합니다.

카페 댓글 사진

먼저 '카페 검색에 댓글이 필요하다'는 걸 알려드린 이유는 글은 많이 중요하지 않기 때문입니다. 아무리 글을 잘 쓰더라도 네이버는 상위노출을 시켜주지 않습니다. 오직 알고리즘에 맞게 작성한 글을 더 인정해줍니다.

최적화 아이디, 최적화 카페가 있다는 가정 하에 글을 쓰는 요령을 알려드리겠습니다. 글 쓰는 방법에 따라서 노출 순위가 어느 정도 반영되기 때문에 글 쓰는 방법은 기본적으로 지켜주어야 합니다. '난 처음이니까 못 할 거야' 이런 생각은 하지 마시기 바랍니다. 글도 쓰다 보면 요령이 생기게 됩니다.

제목, 본문, 사진, 댓글

만약 키워드가 '자동차 리스'라면 제목에 노출하고자 하는 키워드를 꼭 넣어줍니다. 본문에 노출하고자 하는 키워드를 5회 이상 적어줍니다. 본문 내용에도 '자동차 리스'를 5회 이상 적어야 합니다. 아무리 열심히 잘 써도 키워드를 반복해서 씁니다. 카페는 블로그와 달리 사진을 넣지 않아도 노출에 영향이 거의 없긴 합니다. 하지만 중요한 상위노출을 원한다면 사진을 넣는 것이 좋습니다. 그리고 글만 있는 것도 장점이 될 수도 있지만 사진이 있는 편이 노출 여부를 떠나서 훨씬 설득력을 가지게 되니까요.

카페 아이디
최적화를 만들어봅시다

"존재의 가장 중요한 이유, 세상을 사는 이유는 발견이다."
- 제임스 딘

카페아이디를 최적화 만드는 방법이 100% 나오는 로직은 없습니다. 만약 그런 로직이 있다면 아무에게도 알려주지 않고 본인만 사용할 것입니다. 아이디 최적화에는 가장 높은 게 4차 그 다음이 3차입니다. 4차에서도 조금의 차이가 있는 아이디가 있는데, 씨랭크 카페가 더 중요합니다. 앞서 말했듯 카페아이디를 만드는 방법에는 실명 아이디와 비실명 아이디 차이는 없습니다. 실명아이디라고 해서 더 잘되고 점수를 더 주는 경우는 노출에 대해서는 없지만 키울 때 본인만 사용할 거라면 실명 아이디로 등록을 한다면 해킹 걱정에 대해 안심할 수 있을 것입니다(여기서 질문이 있을 수도 있습니다. 지식인 작업은 010으로 생성된 계정이나 실명 아이디를 사용하는 상황이 많은데, 지식인에서는 그렇지만 카페 아이디를 만들어본 입장에서 큰 차이는 없었습니다).

최적화 아이디를 만드는 방법을, 활동이 많은 큰 카페에서 단순히 남들에게 이목이 끌리는 소위 어그로 글을 작성하라고 하지만, 이 말이 틀린 것은 아닙니다. 하지만 일일이 그렇게 작성하기에는 시간과 품이 많이 듭니다. 따라서 챗GPT를 이용하더라도 많은 글을 써서 지수를 쌓아놓는 편이 좋습니다. 그렇다면 챗GPT(https://chatgpt.com/)에 접속해봅시다.

챗GPT 메인

챗GPT 회원가입을 눌러주세요.

가입 사진

가입을 진행해주시면 챗GPT 화면이 나옵니다.

챗GPT 시작 메인 사진

메시지 챗GPT에 아래 질문을 해보세요. '건강과 관련된 블로그 글 제목 5개만 알려줘'와 같이 질문하시면 됩니다. 지금은 따라 하지만 나중에는 여러분이 원하는 주제를 알려달라고 하셔도 되고 개수도 다양하게 물어보셔도 됩니다.

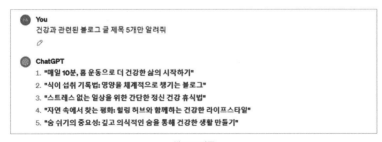

챗GPT 질문

간단하게 챗GPT에게 원하는 주제와 관련된 블로그 글 제목을 알려달라고 합시다.

 You
건강과 관련된 블로그 글 제목 5개만 알려줘

주제에서 마음에 드는 제목을 고른 다음 글을 써달라고 명령을 하면 됩니다. '블로그글 써줘, 전문가처럼 써줘, 헬스트레이너처럼 글을 써줘' 등 여러 명령어를 취향대로 입력해보세요.

예시)
간단하게 한 줄로만 입력해도 되고,
'키워드 주제로 블로그 글을 써줘'라고 입력해도 됩니다.

전문가나 특정 직업군의 언어가 필요하다면 이렇게 해도 됩니다. 키워드 주제로 헬스트레이너처럼 써줘, 전문가, 지적이게 '톤앤매너'라든지 원하는 모든 것을 챗GPT 프롬모트에 적어보세요.

프롬모트란 한마디로 말하면 챗GPT의 질문하는 입력창을 의미합니다. 질문을 입력하면 다음과 같이 출력됩니다.

ChatGPT
제목: "매일 10분, 홈 운동으로 더 건강한 삶의 시작하기"

최근 건강한 삶의 중요성이 강조되고 있습니다. 하지만 바쁜 일상과 다양한 의무로 많은 사람들이 운동을 소홀히 하곤 합니다. 이에 대한 해결책 중 하나가 매일 10분씩 홈 운동을 통해 건강한 삶을 시작하는 것입니다.

왜 10분?

10분은 바쁜 현대인의 생활에 적절한 시간입니다. 이는 집 안에서 간단한 동작을 통해 운동 효과를 높일 수 있는 시간입니다. 집 안에서 가능한 운동은 많고, 그 중에서도 효과적인 몇 가지 운동을 통해 단 몇 분 동안에도 전신을 활성화할 수 있습니다.

간단하게 시작하기

1. **스트레칭과 웜업:** 몸을 동적으로 움직이는 스트레칭과 웜업을 통해 근육을 준비합니다.
2. **하체 강화 운동:** 스쿼트나 런지와 같은 간단한 하체 운동으로 다리 근육을 강화합니다.
3. **상체 강화 운동:** 푸쉬업이나 플랭크를 통해 상체 근육을 강화합니다.
4. **코어 강화:** 복부 운동을 통해 코어 근육을 강화하고 균형을 유지합니다.
5. **종료와 스트레칭:** 운동 후에는 근육 이완을 위한 스트레칭을 통해 몸을 마무리합니다.

이점과 동기 부여

매일 10분의 홈 운동은 건강한 삶을 증진하는 데 도움이 됩니다. 이로써 근육 강화, 체지방 감소, 에너지 수준 상승 등의 이점을 누릴 수 있습니다. 또한, 집 안에서 하는 운동은 별도의 운동 시설이나 장비 없이도 손쉽게 실천 가능하며, 이는 지속 가능한 운동 습관 형성에 도움을 줄 것입니다.

챗GPT 답변

이렇게 글을 작성한 다음, 복사한 다음 메모장이나 워드패드에 붙여넣기를 하고, 다시 메모장이나 워드패드에서 복사를 한 다음 카페에 붙여넣기를 해야 합니다. 챗GPT에서 바로 복사 붙여넣기를 하면 네이버 봇에 적발되어 점수를 제대로 받지 못할 수 있으니 주의하시기 바랍니다.

최적화 카페,
C랭크 카페를 만들어봅시다

**"길게 보면 위험을 피하는 것이 완전히 노출하는 것보다 안전하지도 않다.
겁내는 자도 대담한 자만큼 자주 붙잡힌다."**
- 헬렌 켈러

카페를 새로 개설해서 씨랭크 카페로 되는 방법은 거의 불가능하다고 봅니다. 엄청나게 유명한 유튜버거나 정말 대단한 광고 방법이 있지 않는 한 일반 카페에서 최적화까지 가는 것도 어렵고 최적화에서 씨랭크까지 가는 것도 시간이 많이 걸립니다.

하지만 처음부터 최적화 카페로 시작했으면 씨랭크만 도달하면 되는 활동량만 있으면 되기 때문에 비교적 쉽게 될 수 있습니다. 카페를 새로 개설하여 회원을 만들고 아무리 글을 잘 쓴다고 하더라도 네이버에서는 절대 최적화를 단기간 안에 주지 않습니다. 반대로 최적화에서 씨랭크 카페도 마찬가지입니다. 일반 카페 ⇒ 2차 카페 ⇒ 3차 카페 ⇒ 씨랭크 카페라는 순서로 노출이 잘됩니다. 맨 마지막이 4차가 아니고 씨랭크인가 하면 주제별로 올라가는 키워드가 다 다르기 때문입니다. 경제 관련 씨랭크 카페라고 해서 의료분야의 씨랭크가 올라가지는 않습니다. 3차 카페와 비슷하게 노출이 됩니다. 그렇다면 3차 카페와 일반 카페를 구분하는 방법은 무엇일까요? 이를 구분하기 위해서 마케터들은 테스트 키워드를 만들었습니다.

예를 들면 이런 단어들입니다. '노사장대단해, 옆집에서온로봇, 정의마당, 박문석라면최고, 그리니야, 너구리파파' 등입니다. 생소한 단어들이지요? 이런 사람들이 검색하지도 않고 쓸 일도 없는 키워드들을 바탕으로 순위를 매겨서 3차 카페, 2차 카페를 볼 수 있습니다. 이런 키워드들로는

카페 글 테스트

씨랭크를 찾기는 어려울 수 있지만 노출의 기본이 되는 3차 카페를 손쉽게 찾을 수는 있습니다.

'너구리파파'의 검색 결과입니다. 3차 카페라면 1페이지에 뜰 것이고, 2차 카페면 4~5페이지에 뜰 수 있습니다. 다만 키워드를 너무 많이 사용하고 경쟁이 많아지면 키워드를 바꾸거나 나만의 키워드를 만들어서 적용해도 됩니다. 어떤 키워드로 테스트를 해야 할지 모르겠다면 필자에게 연락하면 키워드를 골라 줄 수 있습니다. 이와 마찬가지로 3차 카페임이 확정된 카페에 아이디가 최적화인지 아닌지 모르겠다면, 최적화가 확인된 카페에 글을 쓰면 아이디의 최적화 여부도 확인이 가능합니다.

카페 글을
상위노출 해 봅시다

"다른 사람들이 할 수 있거나 할 일을 하지 말고,
다른 이들이 할 수 없고 하지 않을 일들을 하라."
- 아멜리아 에어하트

카페 글 상위노출은 '3차 최적화 이상의 카페 + 최적화 아이디'가 있어야 합니다. 물론 아무도 보지 않는 무경쟁 키워드라면 그냥 써도 노출은 됩니다. 하지만 독자분들이 원하는 건 사람들이 많이 보는 키워드의 노출일 것입니다. 그러므로 글 보다는 아이디와 카페의 최적화 여부가 중요합니다. 인기글 탭이 많이 생기고 있는데요. 그렇다면 인기 글을 어떻게 해야 상위노출을 할 수 있을까요?

일반적으로 예전 view탭만 있었을 때와 상황이 동일합니다. 일반적인 스마트블록이나 인기 글에서는 카페 보다는 블로그가 더 위에 뜨게 됩니다. 이를 보완하고자 네이버는 '인기 카페글 스마트블록'을 따로 만들었습니다. 그래서 노출 빈도수가 예전처럼 블로그에 무조건 밀리지는 않습니다. 이처럼 카페에도 영역을 만들어주기도 하고 운이 좋다면 인기 글에도 등록이 될 수 있습니다. 다만 예전에는 블로그의 글이 압도적으로 더 잘 떴다면, 지금은 카페 인기 글 탭이 따로 있고 인기 글 탭도 있어서 씨랭크 적용이 잘된 카페에 최적화 아이디로 글을 작성하면 상위노출이 유리해 집니다. 만약 내 아이디가 최적화 아이디인데 인기 글에 노출이 잘 안된 다면 카페의 등급을 의심해보세요.

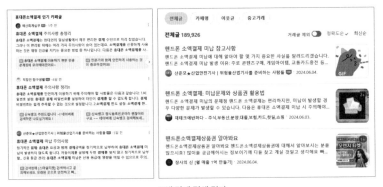

소액 결제 검색 결과

위의 이미지를 보면 휴대폰 소액결제 키워드의 카페 글과 카페 인기 글 순위가 다른 것을 확인할 수 있습니다. 카페 앱을 통해서 혹은 네이버 검색⇒ 카페 글로 상위노출된 게시글을 보는 비율 보다는 네이버 통합검 색에서 처음 나오는 페이지를 보는 유저의 수가 당연히 많을 것입니다. 이처럼 휴대폰 소액결제 카페 글과 인기 카페 글 순위가 다른 것을 확인 할 수 있습니다. 이는 카페의 씨랭크 지수 때문이며, 씨랭크 지수는 글을 일일이 작성해서 확인해야 합니다. 내 글이 카페 글에는 노출이 되는데 인기 글에는 노출이 안 된다면 카페를 바꾸어서 작성하여야 합니다. 카페 글만 노출되었다고 안심하지 마시고, 인기 카페 글 스마트블록에 순위 안에 들어야 실유저의 유입이 훨씬 많다는 것을 기억하시기 바랍니다.

블로그 같은 경우 블로그만 최적화되면 되지만 카페 글은 카페와 아이디 둘 다 노출에 적합한 최적화여야만 합니다. 최적화 테스트 방법으로 최적화를 확인하였다면 카페 글을 쓰게 되는데 카페 글은 블로그와 비슷하게 작성하면 됩니다. 하지만 블로그는 이미 상위노출된 블로그의 글자

카페 댓글

수와 사진을 비례해서 올렸다면 카페는 사진을 올리지 않아도 글만 올리더라도 상위노출이 됩니다. 다만 사진을 넣고 글을 쓰는 게 점수가 높아집니다. 블로그에서 스크랩을 넣었다면 카페는 댓글이 가장 중요합니다. 댓글은 9개 이상 작성하면 되고, 글 작성한 IP와 댓글을 쓴 IP만 다르면 됩니다.

댓글의 내용은 중요하지 않습니다. 댓글에 일부로 키워드를 넣지 않아도 됩니다. 댓글 수만 있으면 되고, 5개 이상 11개 미만으로 대부분 작업합니다. 단 댓글 내용을 한 게시글에 동일하게 쓸 경우 신고 공격을 당하면 글이 내려가고, 아이디 지수에도 영향을 줄 수 있기 때문에 저 이미지

휴대폰 소액 결제 검색 결과

처럼 다르게 작성할 것을 추천합니다.

　휴대폰 소액결제 관련 키워드의 페이지에서는 카페 중고거래 탭이 파워링크 다음으로 노출이 되는 빈도가 높습니다. 예전에는 뉴스가 무조건 상위등록이 되었지만 한 달에 수천만 원을 받고 뉴스 기사를 상위노출 시켜준다는 뉴스기사나, 과도한 뉴스의 광고와 업종의 특수성 때문에 순위의 변동이 잦은 키워드입니다. 이럴 때 카페 중고거래 탭에 상위노출을 시키면 효과가 좋을 것입니다. 물론 비용도 들지 않습니다.

　카페 중고거래 탭에 노출하려면 최적화아이디와 최적화 카페가 필요 없습니다. 그냥 최근에 만든 카페 말고 최소 1년 이상 개설된 카페를 찾아서 올리고 싶은 키워드에 글을 30자 정도만 써주고 가격도 마음대로 올리면 노출이 됩니다. 사진 속 광고가 20분전, 10분 전인 이유는 카페 중고 거래 탭의 상위노출이 많이 올리면 올릴수록 유리하기 때문에 계속 도배로 글을 올려서 그렇습니다.

블로그 상위노출 방법은
무엇일까요?

"승리는 가장 끈기있는 자에게 돌아간다."
- 나폴레옹 보나파르트

블로그 상위노출에는 두 가지 방법이 있습니다. 이 책을 쓴 목적인 카페의 홍보를 위한 블로그 상위노출 방법이기 때문에, 온라인 카페를 위해서 어떻게 해야 하는지 알려드리겠습니다. 첫 번째로 블로거를 섭외하는 것입니다. 만약 '쏘렌토 주제' 카페의 주인이라면 블로그 노출을 어떻게 해야 할까요?

쏘렌토 스마트블록

'쏘렌토'라고 검색하면 스마트블록이 나옵니다. 스마트블록이나 검색 시 상위노출된 블로거들에게 연락하여, '내 쏘렌토카페 링크를 넣어달라'고도 할 수 있습니다. 만약 쏘렌토 카페 운영자라면 쏘렌토와 비슷한 차종 팰리세이드, 싼타페 등을 검색해서 상위 노출된 블로거들에게 쏘렌토 상위노출을 부탁할 것입니다.

어차피 블로거들은 글을 써야하는데 네이버 카페를 홍보하는 홍보 글이면 블로그 지수에도 크게 영향이 가지 않고 순한 맛 광고이기 때문에 블로거들은 선호합니다. 블로거들의 페이는 단순 배포 5만 원에서 30만 원 사이고, 노출을 조건으로 한다면 최소 10만 원부터 많게는 50만 원도 받으니 협상을 통해 이를 진행하면 됩니다.

두 번째는 자신의 블로그 혹은 블로그를 구매해서 진행하는 방법입니다.

쏘렌토 블로그 검색 결과

위의 사이트는 키워드 검색 시 그 키워드에 상위 등록된 블로그 지수를 알려줍니다. '쏘렌토'라는 키워드를 상위노출하려면, 최적화 2단계 블로그로 작성해야 합니다. 현재 최적화 2단계 정도 블로그를 구매하려면 '1천만 원 정도하며, 임대를 하여도 100만 원이며, 포스팅 하나 당 3만 원씩 내야 해서 가성비가 좋지 않습니다. 준최적화 4~7단계는 일반인이 할 수 있는 레벨이거나 블로그 가격이 현실적이어서 구매해서 글을 작성해도 됩니다. 쏘렌토 스마트블록에서 약한 키워드를 찾아내서, 글을 쓰면 됩니다.

쏘렌토 풀옵션 검색 결과

블로그는 준 최적화 1〈2〈3〈4〈5〈6〈7〈최적1〈최적2〈최적3〈최적4 단계가 있습니다. 준 최적화 블로그는 블로그를 새로 만들고 글을 몇 개 작성하면 2단계이고 4~5단계는 글밥이 80개 정도 있고 글마다 스크랩 5개 댓글 5개를 공감 5개 작업하면 블로그에 지수가 잘 올라갑니다. 준최적화 블로그를 제작해서 만드는 사람들은 글마다 이렇게 작업을 합니다. 블로그를 만들어서 운영하는 것 보다는 블로그를 판매하는 사람에게 구매해서 노출시키는 것도 좋습니다. 준 최적화 4~5단계를 구매하면 요즘에는 판매자가 많아져서 가격도 저렴해서 시간 대비 노력하는 것보다 블로그를 구매하는 게 낫습니다.

블로그 최적화를
만들어봅시다

**"운명은 우연이 아닌, 선택이다.
기다리는 것이 아니라, 성취하는 것이다."**
- 윌리엄 제닝스 브라이언

현재 기준으로 최적2단계 이상의 블로그를 만들어내는 건 어렵다고 볼 수 있습니다. 단기간에 가능한건 그나마 준 최적화 6단계일 것입니다. 준 최적화 5~6단계만 해도 웬만한 스마트블록은 상위노출이 가능합니다. 스마트블록은 원고가 중요합니다. 네이버에서 블로그최적화 지수만 높은 블로그의 글 수준이 안 좋아도 검색 시 상위에 노출되는 경우가 많아서, 스마트블록으로 검색자의 의도를 파악하여 양질의 검색결과를 주기 위해 점점 지수가 낮은 블로그에게도 기회를 주고 있습니다.

예전에 만들어놓은 네이버아이디가 있다면 그걸 다시 사용하는 게 좋습니다. 오래전에 만든 아이디일수록 더 좋습니다. 단 주의할 점이 있습니다. 2005년에 만든 것과 2010년에 만든 것이 엄청난 차이가 있지는 않습니다. 2015년도 이전 블로그면 거의 동일한 것으로 보입니다. 지금 이 책을 집필하는 연도가 2024년이니 시간이 지나서 이 책을 읽는 독자 분들은 연도를 계산하시면 됩니다. 2024년에 15년이면 2025년에는 16년, 이렇게 고려하세요. 이 연도 수를 구할 수 없으면 너무 집착할 필요가 없습니다. 예전에는 블로그 운영을 아무리 잘해도 최적화로 올려주는 게 거의 없다 싶었다면 요즘에는 새로 만든 블로그들도 열심히 하면 기회를 많이 주기 때문입니다. 자동차 블로그를 키운다고 가정하면 챗GPT에게 자동차 블로그에 적합한 주제를 알려달라고 해도 되고 필자가 추천하는 방법은 쏘렌토, QM6, 벤츠E클래스 등 자동차 키워드를 검색한 다음에 스마트 블록에 있는 주제를 챗GPT에게 부탁하면 됩니다.

You
자동차 블로그에 적합한 주제 5개 알려줘

ChatGPT
1. **차량 유지보수 팁과 트릭**: 자동차 소유자들을 위한 유용한 유지보수 팁 및 간단한 DIY 수리 방법에 대한 내용을 다루는 글.
2. **최신 자동차 기술 소식**: 최신 자동차 기술 동향, 자율 주행 기술, 친환경 차량 기술 등에 대한 소식 및 분석을 다루는 글.
3. **자동차 여행 이야기**: 멋진 드라이브 코스, 여행 중에 경험한 특별한 순간들, 차량으로 여행하는 팁과 명소 소개 등에 대한 이야기.
4. **신차 및 중고차 리뷰**: 최신 모델의 자동차 리뷰뿐만 아니라 중고차 시장 동향, 중고차 선택에 도움이 되는 정보를 다루는 글.
5. **환경 친화적인 운전 습관 가이드**: 친환경 자동차 모델 소개, 연료 효율적인 운전 습관, 탄소 발자국 감소를 위한 조언 등을 다루는 글.

챗GPT 블로그 주제 꺼내오기

벤츠E클래스 스마트블록

예를 들어, 벤츠E클래스의 스마트 블록입니다. 블로그가 약할수록 경쟁도가 낮아 보이는 주제를 선점하자 벤츠E클래스 내부를 주제로 글을 써본다면 다음과 같습니다.

3. 드라이빙 어시스트 시스템의 진화
E클래스는 운전자의 편의성과 안전을 위한 다양한 드라이빙 어시스트 시스템을 내장하고 있습니다. 최신 기술의 주행 보조 시스템들은 운전을 더욱 편안하게 만들어주며, 길을 더 안전하게 여행할 수 있도록 도와줍니다.

4. 최신 인포테인먼트 시스템과 연결성
E클래스는 최신의 인포테인먼트 시스템을 탑재하여 운전 도중에도 끊김없는 연결성을 제공합니다. 스마트폰과의 시너지를 극대화한 시스템은 운전 중에도 편리한 다양한 기능들을 이용할 수 있도록 도와줍니다.

5. 편안성과 공간 활용의 뛰어난 균형
메르세데스-벤츠는 E클래스의 내부 공간을 탁월하게 활용하여 편안하면서도 실용적인 운전 환경을 제공합니다. 충분한 다리 공간과 편안한 시트는 장거리 운전에 최적화되어 있습니다.

메르세데스-벤츠 E클래스는 우아한 내부 디자인과 혁신적인 기술로 우리의 기대를 넘어섭니다. 이 차량은 운전을 좋아하는 분들에게 완벽한 동반자가 될 것입니다. 앞으로 더 많은 메르세데스-벤츠의 흥미로운 소식을 기대해주세요!

You
벤츠e클래스 내부 주제로 자동차전문가처럼 블로그글을 써줘

ChatGPT
제목: "메르세데스-벤츠 E클래스 내부 디자인: 우아함과 혁신의 만남"

안녕하세요, 자동차 열정을 가진 여러분! 오늘은 메르세데스-벤츠 E클래스의 내부 디자인에 대해 알아보겠습니다. E클래스는 그만의 독특한 매력과 놀라운 기술 혁신으로 자동차 팬들을 매료시키고 있습니다.

1. 우아한 디자인과 소재 선택
E클래스의 내부는 우아하면서도 세련된 디자인으로 눈길을 사로잡습니다. 고급스러운 가죽 시트, 목재 감성의 터치 패널, 그리고 금속 마감재 등 고급 소재의 선택이 탁월한 차 내부 분위기를 조성합니다.

2. 인테리어 조명의 세련된 조화
E클래스는 다양한 컬러 및 밝기로 조절 가능한 인테리어 조명 시스템을 갖추고 있습니다. 차량 내부의 조명은 운전 경험을 한층 높여주며, 각인된 메르세데스 감성을 고스란히 전달합니다.

벤츠 E클래스 내부 주제 챗GPT의 글

이렇게 답변이 옵니다. 이것을 붙여넣기 하기보다는 메르세데스-벤츠 어감이 좀 다릅니다. 한국의 어투와 맞지 않는 글자들을 지워주고 써주면 좋습니다. 지우는 방법은 메모장을 켜고 원고를 복사 붙여넣기 한 뒤 컨트롤+H를 누르면 공란으로 처리해두면 메르세데스- 단어는 다 사라집니

메모장으로 변환하기

다. 그리고 AI가 쓴 글이라서 네이버에서 제재를 한다는 사실무근의 말로 사람들을 현혹시키고 있습니다. 챗GPT로 쓴 원고에 나의 의견 30~50자를 추가하거나 문맥이 이상한 건 그냥 지우고 작성하면 아무 문제는 없습니다. 그래도 걱정이 된다면 AI체크기를 이용하면 됩니다. 하지만 굳이 이용할 필요는 없습니다.

AI 체크기: https://writer.com/ai-content-detector/

저는 메모장을 켜고 메모장에 '챗GPT 내용을 붙여넣기' 한 다음에 블로그에 사용할 내용을 메모장에서 복사한 뒤 네이버 블로그에 붙여넣기를 하고 있습니다. 이렇게 하는 이유는 복사 붙여넣기 할 경우 네이버에서 AI가 작성한 글이라고 인식할 확률이 높기 때문입니다.

메인 화면에 노출되는 콘텐츠의 주제는 과연 어떤 것일까?

메인 화면에 노출시키려면 과연 후킹성 글 혹은 화젯거리가 되는 콘텐츠로만 글을 작성해야 할까요? 그렇지는 않습니다. 일반적으로 가볍게 읽을 수 있는 주제를 쉽게 읽을 수 있는, 많은 이들이 관심을 가질만한 내용을 선정해서 노출하는 것이 좋습니다.

그러므로 블로그나 카페에 글을 쓸 때는 모든 콘텐츠를 정보성 글로 채

우기보다는 가끔은 드라마, 유머, 연예 이야기 등을 활용하여 조금 쉬운 주제로 작성하는 것도 좋은 방법입니다.

네이버 카페 운영 알짜 팁

카페 랭킹 올리는 4가지 방법

다음은 네이버가 밝힌 카페 랭킹 올리는 방법입니다.

1) 좋은 글 많이 쓰기 - 게시글, 댓글을 포함한 모든 글쓰기 활동이 점수에 반영됩니다.

2) 네이버 글 공개 - 검색을 통해서 들어오는 사람이 많을수록 랭킹에 유리합니다.

3) 카페 멤버 모집 - 카페에 가입하는 수가 많을수록 랭킹이 올라갑니다.

4) 카페 앱 쓰기 - 모바일 환경에서 카페 앱을 사용할수록 활동 점수가 올라갑니다.

당신이 알아야 할 꿀팁,
지식인 상위노출 법

**"조금도 위험을 감수하지 않는 것이
인생에서 가장 위험한 일일 것이라 믿는다."**
- 오프라 윈프리

네이버에는 지식iN 서비스가 있습니다. 카페를 노출하기 위해서는 이 서비스를 적극적으로 이용하는 것이 좋습니다. 요즘 지식iN 서비스를 이용하는 이들은 현저히 줄어들긴 했지만, 카페를 노출하고 회원을 유입하는 하나의 통로인 만큼 이를 적극적으로 활용해 보시기 바랍니다. 카페의 콘텐츠는 다양한 플랫폼으로 공유할 수 있습니다.

게시물 우측 하단의 공유 버튼을 누르면, 블로그, 카페, 메일, 라인 등으로 공유할 수 있는데요. 그중에서도 블로그, 카페, 지식iN은 네이버에서 운영하는 서비스인만큼, 네이버 카페 콘텐츠에 대해서는 우호적인 편입니다. 예를 들어서 누군가가 지식iN에 운영 중인 카페와 관련이 있는 질문을 올린다면, 그것에 과내 성의 있게 답변하면서 카페 콘텐츠 링크도 같이 올리는 식으로 진행하면 됩니다. 이렇듯, 답변을 본 사람이 그 링크를 통해 카페로 유입된다면 가입을 하게 될 확률도 높아지게 됩니다. 이미 네이버에 로그인이 되어 있기 때문입니다.

지식인 상위노출은 아주 쉽습니다. 한 번도 사용하지 않은 실명아이디(A)를 갖고 질문하고 한 번도 사용하지 않은 실명아이디(B)로 답변하면 웬만한 건 상위노출이 됩니다. 단, 질문IP와 답변IP는 당연히 달라야 합니다. 이것으로 상단노출이 안 되는 강한 키워드라면 질문을 한번도 사용하지 않은 실명아이디(A)로 질문하고, 엑스퍼드로 답변을 적당히 단 다음에 해외생성아이디나 아무 아이디로나 답변을 달아서 채택하면 상위노출이 됩니다.

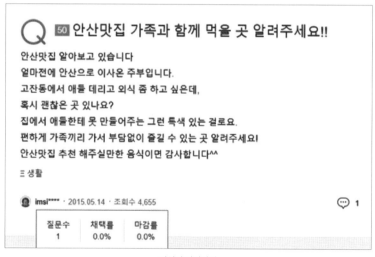

지식인 안산맛집

안산맛집 답변

    단지 이는 예시입니다. 이렇게 질문 답변을 해서 상위노출을 하고 버리는 아이디로 광고를 쓴 다음에 채택하는 게 일반적인 방법입니다. '너무 쉬워서 이게 된다고?'라고 생각할 수도 있습니다. 하지만 이것이 지식인의 95%입니다. 챗GPT로 지식인 질문 답변으로 아이디를 키울 필요조차 없습니다.

    그렇다면 '꼭 한 번도 사용하지 않은 것'이어야 할까요? 한 번도 사용하지 않은 게 노출이 되면 노출계정으로 분류하고 계속 사용해도 됩니다. 사용했던 아이디도 마찬가지로 노출이 되면 사용하면 되고 노출이 안 되면 죽은 아이디로 생각하면 됩니다. 지식인의 등급은 네이버 카페 등급과 같이 지식인 등급은 노출에는 아무짝에도 쓸모가 없습니다. 지식인 등급이 '신 등급'일지라도 지식인은 인프라를 구축해놓으면 매우 간단하기에 대행비용도 저렴합니다.

일반 키워드 한 달 유지 10만 원 내외로 블로그와 카페 상위노출에 비해 매우 저렴합니다. 지식인 노출이야말로 초보도 할 수 있고 아무런 자본이 들지 않습니다. 자본이라면 네이버아이디 2개 정도는 만드는 수고는 해야 하지 않을까요? 지식인 상위노출 하는 방법을 알게 되셨으면 지금부터는 답변자를 카페로 설정하는 방법을 알려드리겠습니다.

카페 지식활동은 카페명을 지식인 네임태그로 답변을 달 수 있는 기능입니다. 카페 지식활동을 하기 위해서는 새싹 등급 이상이고, 비공개 카페는 지식카페 연동이 되지 않습니다.

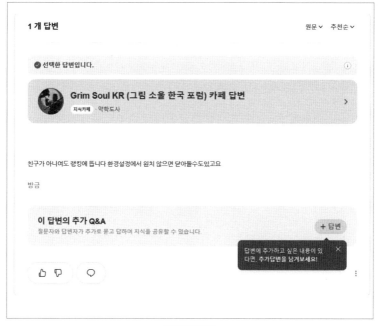

카페주제 답변

카페지식 활동을 등록 후 답변을 달면 일반 답변자와 다르게 카페 이름으로 답변을 달 수 있습니다.

카페 이름을 클릭하면 카페 URL이 설정되어 있어서 관심이 있는 사람에게 제대로 답변을 달면 카페로 유입시킬 수 있게 됩니다.

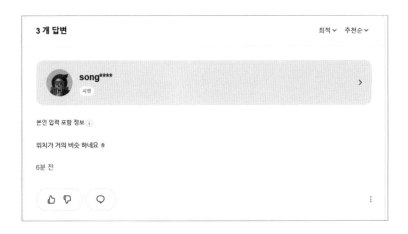

지식인 답변 시 답변자 노출

(카페로 답변을 한 상태입니다.) 과거에는 약학도사로 나오는 게 아니라 카페 이름으로 아래의 이미지처럼 나왔지만, 카페 이름으로 나오지 않는다는 걸 볼 수 있습니다.

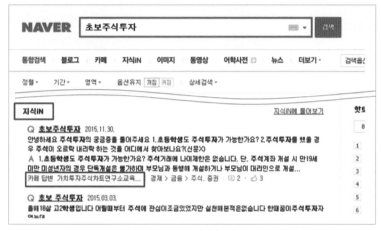

지식인 답변시 답변자 노출2

카페 지식활동은 2024년 기준, 네이버 카페팀에서 밀어주는 기능이 아니라고 생각이 듭니다. 지식인도 점점 인기가 하락하고 있습니다. 그러므로 지식인 활동을 1순위로 전념하는 것보다는 '이런 것이 있다' 정도만 알아두면 됩니다.

https://kin.naver.com/people/cafe/index.nhn

다른 카페들은 지식카페를 어떻게 활용하는지 궁금하다면 위의 카페 지식 활용 랭킹을 참고하면 좋습니다.

지식카페 랭킹

카페관리 ⇒ 메뉴 ⇒ 메뉴관리

원하는 게시판을 지정해 주세요(대부분 질문과 답변 Q&A 같은 게시판을 이용). 아무 게시판을 해도 상관은 없습니다.

카페메뉴 지식인 설정

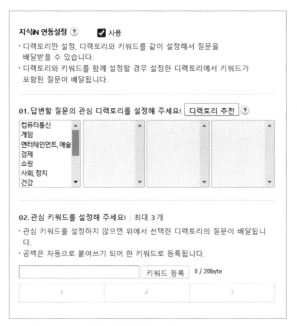

지식디렉토리 설정

지식인 연동 설정을 눌러주세요. 그런 다음 나에게 맞는 주제로 설정해주시면 됩니다. 다만 나에게 맞는 주제가 인기가 많이 없어 보인다면 지식인 Q&A 게시판에 접속하여 인기 많은 주제를 선택하는 게 좋습니다. 키워드도 나의 주제가 아닌 지식인 디렉토리에 많이 올라오는 주제를 키워드로 잡습니다.

https://kin.naver.com/qna/list.naver

여기에서 내 카페와 주제가 동일하더라도 질문 수가 적으면 많은 디렉토리를 설정합니다. 키워드를 적는 칸에는 그 질문 수에서 가장 빈도수가 많은 것 순서대로 키워드를 적어주세요. 카페 지식활동은 내가 원하는 모든 지식인 질문 글에 답변할 수 있는 것이 아니라 내 주제에 맞는 제한적인 질문만 답변할 수 있기 때문에 범위를 최대한으로 늘려주는 것이 좋습니다.

메뉴에 지식인 뜨는지 여부

네이버 카페 수익화 마스터 클래스

생성을 마치고 게시판에 들어가면 위에 답변할 수 있는 공간이 생깁니다. 게시판을 통해 질문 더 보기를 눌러서 질문을 확인하는 방법도 있고 카페 지식연동을 하였으면 메뉴관리 탭에서 카페 지식활동 메뉴를 추가할 수도 있습니다.

지식활동 메뉴 추가 방법

메뉴관리에서 카페 지식활동을 눌러서 추가하시면 됩니다.

네이버 카페 운영 알짜 팁

연관 검색어

연관 검색어란 검색 사용자의 의도를 파악하여 적합한 검색어를 제공하여 사용자가 보다 편리하게 정보탐색을 할 수 있도록 지원하는 서비스입니다. 예를 들어 '신도림역'이라는 키워드를 검색하면, '신도림역 맛집' '신도림역 놀곳' '신도림역혼자놀기' 등과 같이 신도림역과 관련된 키워드를 보여줍니다. 한 개의 키워드를 이용하여 한 번의 검색만으로는 사용자들의 검색 목적을 만족하게 하는 정보를 얻을수는 없습니다. 이런 이유로 사용자들이 반복해서 검색하는 키워드와 함께 조합키워드(키워드+키워드)를 기록해 두었다가 사용자에게 추천하는 형태입니다.

어렵지 않지만 효과만점,
유튜버 섭외하는 법

"계산된 위험은 감수하라.
이는 단순히 무모한 것과는 완전히 다른 것이다."
- 조지 S. 패튼

유튜브를 섭외하는 데 있어서 당연히 구독자가 많고 시청자가 많은 사람들을 섭외하는 게 좋을 것입니다. 하지만 돈이 무한대도 아니고 카페를 통해서 돈을 뿌린 만큼 되돌아오게 한다는 건 어려운 일입니다. 그러므로 구독자 5천~1만 미만 유튜버를 섭외하는 편이 훨씬 낫습니다. 광고를 거의 처음 해보는 사람들 유튜버들은 광고비가 적고 광고를 성의껏 해 줄 것입니다.

광고의달인 유튜브

이렇게 유튜버의 메인 화면에 들어가서 '재미있는 역사이야기'처럼 >
표시가 되어 있는 것을 클릭하면 유튜버의 이메일이 나옵니다.

이렇게 화면에 나오면 이메일을 보내서 섭외를 하는 게 좋습니다. 필
자에게 섭외 메일을 보낸다면 메일을 보낼 때 '광고의 달인'이라는 단어를
문장에 꼭 넣어서 보내주는 게 좋습니다. 단 이메일 등록을 안 한 유튜버

는 이메일이 보이지 않습니다. 이메일을 보낼 때 유튜버 이름을 넣어주는 게 최소한의 예의이듯, 유튜버들도 광고를 받기 위한 최소한의 예의는 이메일 등록입니다. 크몽이나 유튜버를 섭외해 주는 체험단 같은 곳에는 의뢰하지 말고 발품을 팔아서 유튜버들을 섭외해 봅니다. 이는 다른 사업에도 필요한 인플루언서 DB가 될 것입니다.

네이버 카페 운영 알짜 팁

카페 내에서 신고 대상이 되는 게시물

- 음란성 게시물
- 불법성 및 청소년 노출 부적합 게시물
- 상업 게시물
- 명예훼손 게시물
- 저작권을 침해하는 게시물
- 통신판매 금지품목, 제판품목 관련 게시물
- 금지행위(인터넷을 통한 판매나 알선행위)

신고 대상이 되는 아이디 기준

- 위에 해당하는 게시물을 올리거나 행위를 한 아이디
- 게시물 도배를 통해 다른 회원들에게 불편을 주는 아이디
- 다른 카페에 욕설과 비방을 하는 아이디
- 물품 매매에 수반되는 의무를 다 하지 않아서 다른 회원에게 손해를 입힌 아이디
- 기타 다른 방법으로 여러 회원에게 불쾌감을 주는 아이디

PART 4

당신만 몰랐던
온라인 카페를
돈나무로 키우는 법

광고 수입 -
카페에 광고를 달자, 광고주 구하는 법

"마음을 위대한 일로 이끄는 것은 오직 열정, 위대한 열정뿐이다."
- 드니 디드로

네이버 카페 개설은 해보셨나요? 당장 네이버 카페에 들어가서 카페를 개설해 보시기 바랍니다. 그래야 현장감이 있고 받아들이는 게 다를 것입니다. 온라인 카페로 돈 버는 방법에는 대표적으로 배너광고, 게시판 광고 등의 광고를 받는 것을 제일 먼저 들 수 있습니다.

온라인 카페로 중고차를 판매하는 사람은 중고차를 팔고, 부동산을 분양하는 사람은 분양을 진행합니다. 이렇듯 여러 가지 영업적인 카페들도 있습니다. 카페를 잘 운영하여 씨랭크 카페로 만들었다면 게시판에 글을 1개 쓸 때 마다 5만 원, 10만 원씩 받는 일도 있습니다. 그 게시판에 써야만 상위노출이 되기 때문입니다. 그밖에도 체험단을 모집해 주거나 플랫폼 식으로 확장할 수도 있고 있는 등 수익화할 수 있는 방법은 다양합니다.

《34세 부업의 신》의 저자인 한기준 씨는 2013년 4월 처음으로 네이버 카페를 만들어 운영했지만, 카페로 수익을 낸 것은 5년이 채 안 된다고 저서에서 밝히셨는데요. 제가 다 아쉬운 마음이 듭니다. 그분도 이제는 카페 대문을 디자인해서 섹션마다 비용을 받고 있다고 하시네요. 더불어 회원이 많아야지만 대문 광고를 받을 수 있는 것은 아닙니다. 범위가 좀 좁더라도 명확한 콘셉트가 있는 카페는 그에 맞는 광고를 진행할 수 있습니다. 회원 수가 1000명이라도 말입니다. 혹시 아직도 카페를 운영 중인데도 수익화에 관해 관심이 없었던 분들이라면, 지금이라도 꼭 꼼꼼하게 읽어보시고 수익화에 성공하시길 바랍니다.

나는 온라인 마케터로
1인 창업을 합니다

"마음을 위대한 일로 이끄는 것은 오직 열정, 위대한 열정뿐이다."
- 드니 디드로

카페의 회원 수가 많으면 많을수록 광고주를 설득하기는 쉬워집니다. 하지만 회원 수가 많은 것보다는 '최적화가 되었느냐'가 가장 큰 관건입니다. 광고주를 설득할 때 광고주가 온라인 사업에 관해 잘 모르는 경우에는 '회원 수 10만 명 있어요. 등급은 나무입니다. 숲입니다. 최고등급이에요.' 이렇게 설득하면 넘어오기도 하겠지만, 요즘은 많은 이들이 카페에 관해 최적화나 비최적화 같은 개념 정도는 알고 있어서 광고영업을 할 때에는 '키워드 상위노출'을 조건으로 거는 것도 좋습니다. 월 단위가 아니라 건 당이라도 올려주겠다고 하면 전환율이 좋을 것입니다. 다른 카페에 광고 중인 사업자에게 광고 제안을 해보는 것도 좋습니다.

만약에 당신이 자동차 카페를 운영한다고 해봅시다. 그렇다면 광고를 구하는 게 좋을까요? 다른 자동차 카페에서 광고 중인 업체에게 광고 제안을 하는 것이 첫 번째이고, 두 번째는 블로그 카페를 운영 중인 동종 분야의 사람들에게, '내 카페에도 광고를 해보라고 제안하는 것'이 좋습니다. 그리고 처음에는 무료로 해주겠다고 하지는 않는 것이 좋습니다. 필자의 경험상 무료를 좋아하는 사람들은 처음부터 끝까지 무료를 원하기만 했습니다. 심지어 광고성과가 나고 있는데도 광고비 지출을 두려워했습니다. 그러므로 무료로 광고해주겠다는 영업은 지양하시기 바랍니다. 하지만 카페 개설 초기에는 약간의 이벤트성으로 한두 달간의 무료 광고 개제를 진행해보는 것도 좋습니다. 다음은 간단한 광고 제안 글입니다.

안녕하세요, 저는 카페 〈○○○〉를 운영 중인 ○○○이라고 합니다. 다름 아니라 저희 카페와 주제 면에서 통하는 부분이 있어서 연락을 드렸습니다. 저희 카페는 개설된지 ○○차로 ○○명의 실회원을 보유하고 있습니다. 한 번 살펴보시고, 배너광고를 진행해 보시는 것은 어떨까 하여 연락드리게 되었습니다. 이번에 무료로 한 달간 무료 광고를 진행하고 있으니, 한 번 진행해 보시고 연장 여부를 결정해 주시면 됩니다. 저희 카페를 한 번 둘러 보시고 연락주세요. 광고의 크기는 이렇게 진행해 주시면 됩니다. 아래의 연락처 혹은 이메일로 연락주세요.

감사합니다.

보통은 5~6개 정도의 배너(최적 크기 1440×240, 최대용량 10MB)를 모집

합니다. 일단 배너를 모두 단 이후에는 공지사항 등에 협력업체의 모집 공고문을 올려놓고, 문의를 유도합니다. 이런 식으로 업체를 모으고, 문의하는 업체가 많아질수록 배너광고의 가격을 조정합니다. 업체 당 한 달에 ○○만 받더라도, 이것이 모이면 몇 백만 원의 수익이 나오게 됩니다. 보통의 계약은 월 단위로 이루어지지만, 길면 6개월 이상의 단위로도 진행할 수 있습니다.

네이버 카페 운영 알짜 팁

실시간 급상승 키워드를 이용하여 포스팅할 때의 주의사항

예전에는 네이버에 실시간 급상승 키워드가 있었습니다. 지금도 다른 포털사이트에서는 이런 실시간 급상승 키워드가 있었는데요. 이러한 핫이슈 키워드를 이용할 때에는 반드시 호불호가 강하지 않은 내용을 선택하는 것이 좋습니다. 그 이유는 작성한 글이 갖게 되는 느낌 때문입니다. 자극적인 이슈를 이용하려다가 잘못하면 블로그나 카페의 제품과 브랜드 자체에 부정적인 이미지를 줄 수 있으니까요. 특히 내용에는 저작권에 문제가 없는 것을 선별해야 합니다. 예를 들어, 연예인 관련 기사 중에는 단독 보도와 같이 저작권에 문제가 생길 수 있는 기사가 있으므로 주의합니다.

제휴마케팅 -
왕초보도 돈 버는, CPA, CPS이란?

**"다른 사람들이 할 수 있거나 할 일을 하지 말고,
다른 이들이 할 수 없고 하지 않을 일들을 하라."**
- 아멜리아 에어하트

제휴마케팅을 하려면 아래의 용어를 알아야 합니다. 광고주는 플랫폼에 광고를 맡기고 플랫폼은 소비자에게 광고를 도달시킵니다.

광고주 ➡ 플랫폼 퍼블리셔 ➡ 소비자

예를 들어 탈모샴푸를 판매하는 판매자(광고주)가 있다면, 먼저 카페에 광고를 올려줍니다(플랫폼). 그러면 소비자는 그 광고를 봅니다. 이것이 카페 광고의 프로세스입니다. 카페 광고뿐만 아니라 다른 광고 사이트

도 이렇게 진행됩니다.

쿠팡파트너스도 결국 제휴마케팅입니다. 제휴마케팅에는 여러 종류가 있습니다. 여행 제휴마케팅은 특정 호텔이나 여행지를 카페로 상위노출을 한 다음에 상위노출된 글을 클릭해서 레퍼럴 링크를 클릭하면 결제 시 %를 이용자에게 제공합니다. 쿠팡파트너스를 여행에 적용하는 것과 동일한 개념입니다.

1. CPC : Cost Per Click

클릭당 비용이 나가는 방식입니다.

네이버 파워링크

구글 애즈CPC 광고

가장 대표적인 것은 구글과 네이버입니다. 클릭 당 비용이 나가게 됩니다. 네이버의 경우 클릭당 단가를 정확하게 지정하여 지출을 할 수 있게 하고 광고는 불법만 아니면 돈만 많이 내면 광고를 할 수 있습니다. 하지만 구글 CPC 광고는 광고 내용을 AI가 학습하여 적합한 점수를 주고 노출 수 대비 클릭률에 비례하여 노출을 해주고 클릭 당 단가를 설정해놓으면 그 단가에서 큰 변동 없이 광고비가 지출됩니다.

2. CPA : Cost Per Action

CPA는 특정 행동을 광고주가 설정을 합니다. 대표적인 예로는 이름과 휴대폰 번호를 수집해 광고주가 DB를 받으면 그 고객정보 1건당 비용을 지불하는 상황이 많습니다. 이를 가입 당 비용으로 선정할 수도 있고 DB 당 선정할 수도 있습니다.

3. CPM : Cost Per Mille

웹 페이지에서 광고가 1,000번 노출됐을 때의 비용을 의미하는 마케팅 용어입니다.

네이버 CPM 광고

CPM vs. CPC

광고 노출 1,000회당 비용을 지불하는 대신에 CPC 모델은 광고주가 클릭 당 비용을 지불하므로 광고에서 클릭이 발생하지 않으면 광고주에게 비용이 청구되지 않습니다.

CPM 모델로 할 경우 광고가 고객에게 외면받아 클릭과 효과가 전혀 없어도 광고 노출로만 되기 때문에 광고주는 아무런 효과를 보지 못할 수도 있습니다.

CPC 모델은 클릭당 광고주에게 많은 부담이 될 수도 있습니다. 하지만 콘텐츠에 자신이 있고 클릭률이 바탕이 된다면 큰 효과를 얻을 수 있습니다. CPC 방식은 이런 이유 때문에 높은 매출이나 공격적이 광고를 할 때 적합합니다. 반면, CPM 모델은 인지도를 높일 때 사용하면 좋습니다.

1. 호텔 플랫폼마케팅 CPA

필자가 두 번째로 부킹닷컴 가입하는 방법을 설명하는 이유는 가입이 가장 까다롭기 때문입니다. 단순히 링크만 첨부를 하게 되면 따라 하지 못하는 분들이 있을 수도 있어서 설명하지만, 가볍게 처음 시도를 하고 싶으시다면 트립닷컴으로 해보시기 바랍니다. 굳이 부킹닷컴을 처음부터 할 필요는 없습니다. 트립닷컴이나 다른 어필리레이트 등록을 다 하고 부족하다 싶으면 부킹닷컴을 해주세요. 부킹닷컴 외에 호텔 어필리에이트는 직관적이어서 설명이 없어도 가입을 누구나 할 수 있습니다. 트립닷컴은 2024년 9월 기준, 홍보할 카페나 블로그를 갖고 있지 않아도 파트너로 가입을 바로 할 수 있습니다. 부킹닷컴은 운영 중인 플랫폼(카페, 블로그 등)을 갖고 있어야만 신청이 가능합니다.

1-1 트립닷컴 가입하기

트립닷컴 파트너페이지에 접속합니다.

https://kr.trip.com/partners/

트립닷컴 홈페이지

가입을 눌러서 가입을 하면 끝입니다. 네이버 카카오 이메일 등 원하는 방법으로 가입을 하면 됩니다. 트립닷컴의 장점은 어필리에이트에 가입하려면 타 사이트는 기존에 보유한 플랫폼(카페,블로그 등)을 적으라고합니다. 그리고 그 플랫폼을 진짜 가지고 있는지 증명도 해야 합니다. 예를 들어 사이트 내에 자신 회사의 상호를 넣으라고 하거나 인증절차가 까다롭습니다. 하지만 트립닷컴은 어필리에이트 파트너를 적극적으로 모집을 하고 있어서 가입이 열려 있습니다(2024년 9월 기준). 다른 여행 어필리에이트 파트너 가입을 하실 때는 트립 닷컴에서 10건 이상 수익이 나면그때 신청하시기 바랍니다. 초보자가 무난하게 할 수 있는 곳이 트립닷컴입니다.

트립닷컴 어필리에이트 메인페이지에서 제휴 도구 프로모션 센터를 클릭해주세요.

트립닷컴 로그인 화면

트립닷컴 프로모션

트립닷컴 프로모션 센터에 들어가면 인기 있는 상품들이 나와 있습니다. 프로모션 센터에서는 인기 있는 숙소를 메인으로 홍보할 수 있게 나열해줌으로써 초보자들이 더 쉽게 어떤 숙소를 홍보해야 하는지 홍보에 대한 수수료는 얼마나 받을 수 있는지 확인할 수 있습니다.

프로모션 센터에 왼쪽 상단을 눌러보면 인기 있는 지역을 선택할 수 있습니다. 하지만 인기지역은 한국과 일본, 베트남 위주여서 필리핀이나 다른 숙소 및 항공권을 홍보하고 싶은 분들은 제휴도구⇒ 제휴링크로 들

트립닷컴 프로모션 관리

어와 주세요.

제휴링크에서 홍보 특정 링크를 클릭해주시면 이렇게 홍보 특정 링크가 나옵니다. 트립닷컴 홈페이지에 방문해 주세요.

트립닷컴 홍보링크

트립닷컴 상품페이지

여러분이 생각하시기에 사람들이 많이 갈만한 호텔이나 노출이 잘 될 것 같은 호텔을 검색해 주세요. 꼭 호텔이 아니어도 되고 항공권이나 엑

티비티 같은 상품도 다 가능합니다. 검색한 결과를 넣어도 되고 특정 호텔 링크를 넣어도 됩니다.

트립닷컴 상품페이지

주소를 복사하는 방법은 URL을 전부 드래그 혹은 주소창을 컨트롤+A를 누르면 전체가 드래그 됩니다. 그 이후 복사(단축키 컨트롤+C)를 해주시고 다시 트립닷컴 파트너 페이지에 방문해 주세요.

홍보링크 따오기

파트너페이지 제휴링크에서 복사한 링크를 붙여넣기로 넣어주세요.
사진 속 trip_sub설정은 공란으로 비워주세요.

홍보링크 넣기

생성을 완료하시면 링크 복사 버튼을 눌러서 잘 들어가지시는지 확인
하시고 그 링크로 홍보를 하시면 됩니다. 주소가 너무 길어서 부담이 되
면 단축된 링크로 만들기 버튼을 눌러서 단축하면 됩니다.

홍보링크 넣기 2

트립닷컴 홍보 시 주의사항

상품별	상품명	이용 완료 예약 수	수수료 비율
호텔	/	0-199	5%
		200-999	6%
		1000+	7%
항공권	국제선 항공권	0-299	0.5%
		300+	0.8%
	중국 국내선 항공권	정액 수수료	USD 0.6/항공권 1매당
기차표	/	정률 수수료	2%
액티비티	기타 액티비티	정률 수수료	4%
	명소 & 공연	정률 수수료	1.5%
호텔바우처	/	정률 수수료	5%

트립닷컴 주의사항

기본 수수료율 표가 있지만 위에서 보셨듯이 프로모션 센터에서 수수료를 더 주는 이벤트도 하고 있으니 참고해 주시면 됩니다.

---

2. 수수료 지급 하한액은 얼마인가요?

수수료 지급 하한액(USD200/HK$ 1,500)에 도달하면 지급이 이루어집니다. 한 달 안에 이 금액에 도달하지 못할 경우 적립하신 금액이 다음 달 잔액에 추가됩니다. 미지급 수수료가 USD200/HKD1,500 미만인 경우, 잔액은 수수료 지급 하한액에 도달할 때까지 이월됩니다.

3. 수수료는 어떤 통화로 받을 수 있나요?

현재 USD 또는 HKD로 받으실 수 있습니다. 거래하시는 은행이 이 두 가지 통화 중 하나 이상을 지원하는지 반드시 확인하시기 바랍니다.

트립닷컴 환전 최소 금액

수수료를 지급받으려면 200USD나 1,500HKD 미국달러와 홍콩달러로 받아야 하고 최소 금액이 있습니다. 예를 들어 홍보를 했는데 100USD 밖에 못하고 도중 포기했다면 정책이 바뀌지 않는 이상은 불가능합니다.

> **3. 쿠키 유지기간은 얼마나 되나요? 쿠키는 삭제되나요?**
>
> 웹사이트 쿠키는 30일, 앱 추적 쿠키는 7일 동안 유지됩니다. 얼라이언스 ID와 사이트 ID 쿠키는 퍼스트 파티 쿠키로 저장되며 ITP 2.0으로 인해 삭제되지 않습니다.

트립닷컴 쿠키

다른 어필리에이트는 쿠키 유지 기간이 24시간 정도입니다. 하지만 트립닷컴은 웹사이트 쿠키가 30일간 유지됩니다. 이는 트립닷컴을 이용하고자하는 고객이 내 링크를 눌렀을 때 30일 동안 내 실적으로 기록이 된다는 것입니다.

트립닷컴 어필리에이트 뿐만 아니라 대가를 받고 홍보를 하는 부분은 모두 대가성 문구를 작성해야합니다. 입장바꿔서 생각해보면 홍보가 아니라 진실된 추천인 줄 알았는데 홍보라면 속았다는 느낌을 받을 수 있겠지요. 그래서 대가성 문구를 적어야 하는 법이 있습니다. 예시 문구를 활용해보세요.

나만의 작은 에어비엔비 숙박공유 회사를 무자본으로 창업할 수 있는 방법입니다. 호텔을 인수하거나 임대할 필요도 없이 홍보만으로 수수료를 받을 수 있습니다.

> **홍보 시 '대가성 문구'를 써야하나요?**
>
> 트립닷컴 파트너 제휴 플랫폼을 통한 홍보활동 게시물 작성 시 대가성 문구가 반드시 표기되어야 합니다. 문구 미작성으로 인해 활동에 제재가 가하여 지지 않도록 콘텐츠내 문구를 반드시 표기하여 주시기 바랍니다.
> (예시 문구) 해당 게시물은 트립닷컴 제휴마케팅의 일환으로, 이에 따른 일정 수수료를 트립닷컴으로 제공받고 있습니다.

트립닷컴 공정위 문구

홍보링크를 만드는 방법을 알게 되셨으면 이제는 어떻게 홍보하면 좋을지 알아보겠습니다. 카페글 홍보를 예시로 살펴보면 다음과 같습니다.

안녕하세요.
여행하는 지역의 숙박정보를 알아보시다가 클릭하시고 들어오셨을꺼에요!

저 또한 해당 숙소를 알아볼때 "위치는 좋을까?" 또는 "수영장과 레스토랑 조식은 괜찮은지? 여행 예산과 맞는곳인지?" 라는 궁금증을 가지게 되더라구요.

도움이 되었으면 하는 마음에 저의 경험을 바탕으로 숙소 할인 정보를 드릴려구 합니다.

바쁘신 분들을 위해 실시간 리뷰와 할인된 가격, 여러가지 혜택을 한눈에 확인하기 쉽게 준비했습니다^^

아래 링크는 자동할인적용이 되어 있으니 눈여겨 보시고 계셨다면 오늘의 할인가로 예약해보세요!!

마카티 다이아몬드 레지던스 [마닐라] 아고다 할인코드 자동적용 링크! [클릭]

호텔 레퍼럴 글

위와 같이 노출을 위한 글로만 작성을 합니다. 글 내용은 별 내용이 없습니다. 어차피 상위노출만 되면 글 구색이 너무 이상하지만 않으면 링크를 클릭해서 대부분은 정보를 열람합니다. 그러므로 글의 수준에 시간을 할애하지 말고 상위노출 포스팅에 집중하시는 게 좋습니다.

스텝1. 호텔 관련 어필리에이트에 가입한다.

스텝2. 사람들이 많이 갈만한 호텔을 찾는다.

스텝3. 네이버 카페에 글을 작성한다.

어떤 키워드를 잡아야 하고 글을 어떻게 써야 좋은지 모르겠다면 호텔 이름을 카페 검색어에 검색해 보세요. 미리 시작한 선배들의 글을 벤치마 킹도 하면 좋습니다.

예를 들어 '세부 사보이 호텔 막탄'이라면 위의 호텔을 검색하는 사람들

다른 사람의 호텔 글 참고하기

은 세부 호텔을 검색하는 이들입니다. 이미 정보를 알고 더 저렴하게 갈 수 있는 방법을 모색하기 위해 검색하거나 기타 정보를 얻기 위해서일 것입니다. 호텔이나 투어는 카페 글에 모든 정보를 올리실 필요는 없습니다. 플랫폼 링크만 기망고객을 클릭하게 한다면 플랫폼 안에 정보가 더 있기 때문입니다. 그래서 호텔 키워드에서 할인을 강조하는 것입니다.

2. 쿠팡 제휴마케팅 가입링크

쿠팡파트너스와 알리익스프레스 제휴 마케팅은 프로그램을 통해 자동적으로 올리는 사람이 많기 때문에 수익을 얻기는 힘듭니다. 하지만 이런 제휴마케팅이 존재한다는 것을 알게 되었으니 다른 방법도 해보시라는 것입니다. 이렇게 시야가 트인 상태에서 다른 마케팅 작업을 할 때 틈새를 발견할 수 있습니다. 다른 마케팅에 활용하기를 바라는 마음에서 제휴마케팅 방법으로 쿠팡파트너스를 알리게 되었습니다.

쿠팡파트너스의 장점은 내 상품 없이 홍보만으로 수익을 얻는 것입니다. 내가 홍보한 상품은A라고 하더라도 링크로 접속한사람이 B, C 물건만 구매했다고 하더라도 수익이 떨어집니다. 링크를 클릭 후 24시간 이내에 구매했을 때도 나의 실적으로 인정이 됩니다. 기본 수수료율은 3%입니다. 즉, 1만 원짜리 물건을 팔면 300원을 받게 됩니다.

쿠팡파트너스의 단점으로는 최적화 카페에 쿠팡파트너스의 글을 쓰면 저품질로 될 가능성이 높습니다. 그래서 요즘에는 프로그램을 이용해서 최신 순으로 도배를 한 뒤 검색 품질 저하로 카페 블라인드 제재를 당하는 일이 있습니다. 최신 순에만 노출이 되어 효과가 적지만 자동이어서 쿠팡파트너스를 놓지 못하고 계속 하는 사람들이 있습니다. 쿠팡에서 가장 주의할 점은 경제적 이해관계를 표시해야 된다는 점입니다. 상품을 홍보하는 글에 무조건 아래의 문구를 넣어야 합니다.

"이 포스팅은 쿠팡파트너스 활동의 일환으로, 이에 따른 일정액의 수수료를 제공받습니다."

☑ **경제적 이해관계 표시 주요 위반 사례**

- 경제적 이해관계를 표시하지 않은 경우
- 문자 크기가 발견하기 어려울 정도로 작은 경우
- 문자 색상이 배경과 유사하여 쉽게 식별이 어려운 경우
- 수수료를 받았으나 '상품 협찬'으로 표시하는 것처럼 실제와 다른 내용을 표기하는 경우
- 영문, 줄임말로 기재하는 경우

경제적 이해관계를 표시하지 않거나, 의도적으로 불명확하게, 식별이 어렵게 표시하는 경우 서비스 제지 및 수익금 지급이 중단될 수 있습니다.

쿠팡 공정위 주의사항

쿠팡 파트너스 가이드 란에도 경제적 이해관계 표시가 제대로 되지 않는 경우 수익금 지급이 중단될 수 있다고 나와 있습니다.

쿠팡 공정위 주의사항2

쿠팡 공정위 주의사항3

쿠팡파트너스 가입을 한 뒤에 로그인을 하시면 랭크생성⇒상품링크 칸으로 들어가시면 상품을 검색할 수 있습니다. 이미 과포화 된 쿠팡파트너스 시장에서 1만 원 미만 상품은 올리지 마시기 바랍니다. 최소 10만 원 이상 상품을 노출시키는 것을 추천드립니다. 3만 원을 벌려면 1만 원짜리를 100번 파는 게 쉽겠습니까? 1백만 원짜리를 한 번 판매하는 게 쉬울까요? 이건 독자분들이 선택하여 아이템을 발굴해서 노출시키면 됩니다.

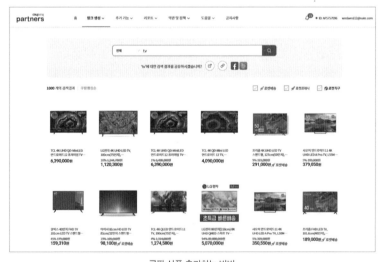

쿠팡 상품 추가하는 방법

3. 알리익스프레스 어필레이트 가입하기

알리익스프레스는 한국에 공격적인 마케팅을 진행하고 있고 쿠팡 파트너스보다는 덜 유명해서 파트너 활동을 하기에 경쟁자가 더 적을 수 있습니다. 알리익스프레스 가입은 한국어로 변환한 다음, 가입하기를 누르면 안내된 문구에 따라 가입하시면 가입이 됩니다.

알리익스프레스 어필리에이트 메인화면

알리익스프레스에 가입을 한 다음 AD center를 클릭하시면 됩니다. 쿠팡파트너스는 가끔 프로모션을 쿠팡에서 하는 것 외에 요율이 크게 달라지지 않지만, 알리 익스프레스는 상품마다 요율이 다릅니다. 그래서 내 아이디어와 기획을 통해 더 많은 수익을 창출할 수 있는 기회가 열립니다.

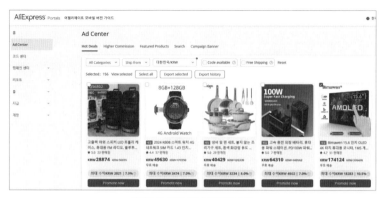

알리익스프레스 어필리레이트 화면

쿠팡은 우리나라 사람들이 거의 가입을 했기에 내 링크를 타고 사람들이 구매하고 싶은 욕망이 있으면 쉽게 구매가 가능합니다. 구매 금액이 조금 크더라도 알리익스프레스보다는 사람들이 더 고 관여 구매가 쉽게 일어납니다.

알리 익스프레스는 네이버스토어를 위협할 만한 위치에 있다고 하더라도 중국에 대한 선입견 때문에 구매를 안 하는 사람이 생각보다 있고 구매금액이 쿠팡에 비해 현재는 적습니다. 추후 중국에 대한 선입견이 사라지고 알리익스프레스에 대한 좋은 인식이 생기기에는 시간이 조금 걸릴 것입니다. 내 능력껏 상품을 팔아보고 싶으시다면 알리익스프레스를, 안정적인 판매를 원한다면 쿠팡을 해보세요. 둘 다 활동을 해보시고 결정하는 것도 좋은 방법입니다. 어필리에이트 가입에 대한 허들이 거의 없다시피 하기 때문입니다.

4. 바이비트 레퍼럴 가입링크

바이비트 레퍼럴이라고 들어보셨을까요? 비트코인 해외선물 거래 사이트인 바이비트의 레퍼럴입니다. 바이비트말고 비트겟, 빙×같은 사이트들이 있습니다. 트레블룰이 적용이 된 거래소 중에 대표적인 거래소는 바이낸스, 바이비트, 비트겟입니다. 바이낸스는 레퍼럴 광고를 하려면 바이낸스에서 발행하는 BNB가 있어야 유의미한 %를 받을 수 있습니다. 바이비트의 거래 수수료는 지정가 0.02 시장가 0.055입니다. VIP 등급이나 기타 조건에 따라 다를 수 있지만 기본적인 수수료입니다.

회원A가 1천만 원으로 10배 지정가로 매매했다고 가정하면 1억의 0.02%의 최소 30~최대 80센트가 나의 수익입니다. 1억의 0.02%는 4만 원입니다. 여기서 50%의 수익률을 가진다면 2만 원입니다. 매매는 통상적으로 사고팔고 2회 이루어지기 때문에 2만 원의 2배인 4만 원이 나의 수익입니다. 회원이 거래하는 금액은 1천만 원보다 낮을 수도 있고 더 높을 수도 있습니다. 배율도 회원의 맘대로입니다. 사람만 많이 모을 수 있다면 코인 선물 레퍼럴이 돈을 가장 많이 벌 수 있습니다. 코인 해외선물 모 유튜버는 대한민국에서 가장 비싼 곳에서 거주를 하기도 하고, 1천 억이 있다는 소문이 있을 정도로 큰돈을 버는 시장입니다.

하지만 이미 2024년 기준으로 바이비트나 비트겟 같은 거래소에 사람들이 많이 가입되어있고, 수수료를 공유해주는 서비스인 셀퍼럴이 유행하고 있어 경쟁이 치열합니다. 개인적으로 코인 선물은 마약과도 같아서 한 번만 사람들을 하게 만들면 전 재산을 다 잃거나 엄청난 수익을 벌거나 둘 중 하나를 해야 끊을 수 있다고 생각합니다. 하지만 파트너는 어떻게 되든 수익이 납니다. 돈을 많이 따면 계속 거래를 해 줄 것이기에 수익이 나고, 잃으면 잃는 대로 계속 하기 때문에 수익이 납니다.

바이비트 레퍼럴 화면

회원 한 명이 3년 넘게 계속 적립을 해주고 있습니다. 제대로 된 한 명이 모인다면 큰 수익도 될 수도 있고 꾸준히 돈이 들어옵니다.

여행 및 제휴마케팅 가입링크

- **kayak** https://affiliates.kayak.com/

- **klook** https://affiliate.klook.com/

- **booking** https://spadmin.booking.com/

- **알리 익스프레스 제휴마케팅 가입링크** https://portals.aliexpress.com/

- **쿠팡 제휴마케팅 가입링크** https://partners.coupang.com/

- **바이비트 레퍼럴 가입링크** https://affiliates.bybit.com

좋은 파트너 사이트 구하는 방법

1) 사람마다 잘하는 것이 다르고 외모도 성격도 제각각이듯이, 내가 잘하는 파트너 활동이 있을 것입니다.

2) 남들은 어렵지만 나는 쉬울 수도 있고 나는 어렵지만 남들은 쉽게 하는 파트너 활동이 있을 것입니다.

3) 하나만 깊게 파지 말고 여러 개를 도전해 보고 나에게 맞는 것을 체득하시는 게 중요합니다.

대표카페 선정방법

네이버 대표카페 선정방법

네이버 대표카페에는 현재 '대표 인기카페' '대표 알찬카페' '대표 루키카페'라는 3종류가 있습니다. 하지만 예전에는 한 종류로 활동만 많으면 어뷰징과 상관없이 카페 활동지수로 등급을 매겨서 대표카페를 선정하였습니다. 네이버 대표카페는 1년간 카페활동 점수가 높은 것을 기준으로 인기 카페를 부여하지만, 어뷰징이 요즘에는 조금은 걸러지는 추세입니다. 대표 알찬카페는 설명 그대로 활발한 활동과 알찬 콘텐츠가 있어야 된다고 합니다.

하지만 선정되는 기준이 공정하지 않다고 생각됩니다. 그냥 네이버 운영진 맘대로 입니다. 대표 루키카페는 새롭게 개설된 것 중 활동점수가 높은 카페를 말합니다. 이 루키카페를 만든 이유는 일반적인 사람들은 카페를 구매해서 활동을 하는 게 아니라 새로 만들어서 하는 이들에게 지원을 해주고 싶어서 만든 대표카페 종류일 것입니다. 2023년도 대표기준, 2021년도까지 대표 루키카페로 인정해주는 모습을 보였습니다. 대표루키 카페로 선정이 된다고 해서 일반카페가 최적화가 되지도 않고 그냥 네이버에서 단순히 인정을 받고 대표카페로 선정이 되면 네이버페이와 토즈이용권을 주는 것 외에는 특별한 혜택은 없습니다. 필자는 토즈이용권을 받아서 공부했던 기억이 있습니다. 다만 토즈이용권이 스터디 카페는 안 되고 모임공간만 되어서 널찍한 4인실을 혼자서 썼던 기억이 있습니다. 네이버 카페의 취지는 카페 회원들 모일 때 쓰라고 준 것이지만, 카페 운영자가 미팅 때 쓰거나 개인용도로만 활용되는 것을 보았지, 실제로 카페회원들과 모임하는 경우는 한 번도 본 적이 없습니다. 네이버 카페 운영팀은 카페를 운영해 본 경험이 전무한 사람들이 운영을 맡고 있다고 개인적으로 생각이 됩니다. 그래서 현실과 다른 지원을 해주고 있는 것입니다. 대표 루키카페 주인이 원하는 건 네이버의 인정(대표카페 선정, 기타 부상 지급)일 수도 있겠으나 일반 카페가 최적화 카페가 되는 것을 더 원하고 있지 않을까요?

온라인 카페를 돈나무로
잘 키우는 세 가지 핵심능력

혹시 지금 어떤 채널을 운영하고 계시나요? '1인 1채널 운영의 시대'라고 해도 과언이 아니지요? 거의 대다수의 경제생활을 하는 이들이 취미로, 부업으로 혹은 본업으로 SNS를 운영합니다. 심지어 초등학생들도 유튜버로 활동하는 것을 하나의 놀이처럼 여깁니다. 그런데요, 유튜브이건, 블로그이건, 인스타그램이건 그 어떤 채널이건 결국 그 중심에는 무엇이 있나요? 맞습니다. 바로 '사람'이 있지요.

지금껏 설명한 바와 같이 사람들이 보고 즐기면서 거기에 더불어 한 곳에 모여서 글로 얘기를 하고, 의견을 주고받으며 정보를 교환하는 장, 그것이 바로 '온라인 카페'입니다. 다양한 채널 중에서 구독자나 팔로워, 이웃 등을 한자리에 모으는 기능을 하는 네이버 카페는 결국 모든 채널 운영자들이 원하는 수익화의 장이자 온라인 마케팅의 핵심 영역입니다.

인스타그램이건, 유튜브이건, 네이버 카페이건 운영이 잘 되는 매체의 운영자들에게는 공통적으로 나타나는 몇 가지 특징이 있습니다. 그중 하나는 바로 꾸준함 다시 말해 '지속성'입니다. 그들은 한 번에 크게 돈을 벌고 끝나는 것이 아니라 길게 지속해서 이익을 얻을 수 있는 형태를 중요하게 여깁니다. 그리고 그 관리 또한 끈기가 없다면 힘들겠지요?

두 번째, '복수성'입니다. 아무래도 온라인 카페를 운영하려는 분들은 이미 다른 매체를 운영 중인 분들이 대다수이실 겁니다. 이 또한 여러 개의 수입원을 만드는 노력이지요. 이는 당연히 복수성에 따른 수입의 확대와 리스크 최소화를 지향하기 때문일 것입니다.

그리고 마지막은 '시스템 구축에 대한 끊임없는 탐구심'을 가지고 있습니다. 그러니 남들은 한물갔다고 여기는 온라인 카페에서 반짝이는 기회를 찾고자 이 책을 읽고 계실 겁니다. 이런 세 가지 능력이 시너지를 내어 당신의 돈나무를 키우고 있을 겁니다.

어떤 매체도 다 그러하지만 물론 카페를 운영하는 일이 처음에는 쉽지 않습니다. 사람들이 계속 모여 있는 카페를 위해서는 새로운 정보, 신선한 콘텐츠가 끊임없이 유입되어야 하지요. 그만큼 다른 채널과 비교했을 때 시간과 노력이 더 필요합니다. 하지만 어느 정도 콘텐츠가 쌓이면, 카페 운영만큼 쉬운 채널이 없습니다. 게다가 따박따박 월세처럼 수익이 들어오는 최고의 채널이 되어 줍니다. 이미 채널을 가지고 있거나, 어느 정도 기반을 잡은 카페라면, 분명히 시너지를 내어 스노우볼 효과로 인해 튼실한 돈나무 역할을 할 것입니다.

제가 아무리 온라인 마케터 경력 10년이고 운영자라고 하더라도, 최대한 이 책에서 운영 노하우를 알려드리고자 했지만 한계가 있습니다. 아무래도 불특정 다수의 분들을 위한 책이다 보니 독자 한 분, 한 분의 상황에 맞게 설명할 수는 없기 때문입니다.

앞서 프롤로그에서 말씀드렸듯이, 카페 관련 온라인, 오프라인 강의에서 실망하시는 분들이 많으실 겁니다. 저는 강의는 진행하지 않지만 일대 일 코칭을 하고 있으니 조언을 얻고자 하신다면 꼭 연락주시기 바랍니다. 저의 첫 책이 부디 여러분에게 '온라인 카페'라는 최고의 무자본 시스템의 가능성을 알게 해드리는 기회가 되길 간절히 소망합니다.

마지막으로 제가 좋아하는 존 F. 케네디(John F. Kennedy)의 이 말을 나누고 싶습니다. "행동 계획에는 위험과 대가가 따른다. 하지만 이는 나태하게 아무 행동도 취하지 않는데 따르는 장기간의 위험과 대가에 비하면 훨씬 작다."

카페로 성공한 이들이 공개하는
나만의 운영 비결

유튜브와 카페를 같이 운영하는
40만 창업카페 운영자

질문 하나, 이 카페에 관해 간단히 소개해 주세요.

원래는 창업에 관해 특화된 카페였으나 어느 순간 카페 명을 변경했습니다. 그 이유는 창업이라는 주제를 다루다 보니 한정적이 부분이 있어서입니다. 그냥 현재 자영업을 하고 계신 사장님들 이야기를 담고 싶었기 때문입니다.

질문 둘, 이러한 카페를 시작하게 된 계기가 있을까요?

개인적으로 창업 시장이 크다고 보았습니다. 창업하는 업체들은 자료를 찾으려고 검색하고, 프랜차이즈 업체들은 그들에게 광고를 해야 하기 때문에 카페와 같은 커뮤니티가 필요합니다. 따라서 양쪽에 잘 맞는 곳이 카페라고 생각했습니다. 그래서 시작했고요. 수익화를 위한 끊임없는 고민이 필요합니다. '이쪽 분야가 광고가 들어오겠구나' '이게 돈이 되겠구나' 싶으면 바로 실천해서 수익화를 합니다.

질문 셋, 카페 이외에 운영하는 미디어가 있다면 무엇인가요?

인스타그램과 유튜브를 운영하고 있습니다.

질문 넷, 회원 모집은 어떻게 진행하고 계시나요?

네이버 카페가 예전보다 많이 폐쇄적이 된 느낌입니다. 그러므로 다른 SNS 채널도 활용해야 합니다. 유튜브, 인스타그램, 블로그 등 이런 채널에서 카페로 회원가입을 유도하고 있습니다. 요즘은 유튜버들도 카페로 회원 모집을 하고 있습니다. 이유는 네이버 카페가 역시나 커뮤니티 활용도가 높기 때문입니다.

질문 다섯, 카페 운영 중 어려웠던 점은 무엇인가요?

카페 활성화를 위한 노력과 광고 글 지우기입니다. 규모가 커지면 아무래도 주제와 상관없는 광고성 글이 도배되기 쉬운데요. 이런 글들은 빨리빨리 지워주어야 합니다. 어느 정도의 규모가 되면 오프모임도 진행해야 하는데, 운영자 성격에 따라 이런 활동이 부담이 될 수도 있을 것 같습니다.

질문 여섯, 수익화는 언제부터 이루어졌을까요?

수익은 어느 정도 활성화가 되면 알아서 쪽지나 메일로 문의가 옵니다. 언제부터라고 딱 말할 수는 없고 광고하는 입장에서 '이 정도 카페에 광고 시 비용 대비 효과를 볼 수 있겠구나' 싶을 때 문의하기 시작합니다.

초기 등급 과정에서 글 몇 개, 댓글 몇 개 쓰라고 해서 활성화를 기본적으로 하면 됩니다. 특정 핵심 자료 같은 걸 보려면 어느 정도 등업 조건을 걸어서 볼 수 있게 하는 것도 좋습니다. 그 글을 보려고 회원들이 알아서 움직입니다. 글도 쓰고 댓글도 달고 그러면서 활성화가 되는 것 같습니다.

회원 수 2천 명 요소수 카페로
1년 만에 8천만 원 순수익을 낸 운영자

2021년 가을, 요소수 대란으로 요소수 정보를 공유하기 위해 만들어진 카페입니다. 운수업 종사자와 디젤 승용차 운전자분들이 직접 요소수 판매 주유소와 온라인 사이트 정보를 직접 제보해 주거나 카페 글을 남겨 주면서 스스로 돌아가는 카페입니다.

저는 외국계 회사 과장급 엔지니어로 두 딸아이가 있는 가장입니다. 현재 6년째 수익형 블로그를 운영하고 있습니다. 아이들의 학원비도 부담되는 상황에서 2018년, 회사 임원께서 골프를 배우라고 하셨습니다. 그런데 골프 연습장 비용을 비롯해서 레슨 비용, 장비, 라운딩 비용은 항상 부담이 되었습니다. 그러던 중 저는 블로그와 네이버 카페 운영을 통해서 수익화를 진행했습니다. 2021년 10월 15일부터 중국 정부가 요소수 수출을 통제하면서 국내는 요소수 대란이 일어났습니다. 당시 요소수 판매 정보와 구입 정보를 공유하는 카페를 만들고 '요소수 판매를 도와주는 그에 따른 인센티브, 제휴마케팅 비용을 받으면 될 것 같다'는 아이디어가 떠올랐습니다.

저자분의 유튜브 영상과 댓글로 문의를 하고 나중에는 카카오톡으로 카페 개설과 내가 생각하는 콘셉트에 대해서 긍정적으로 '당장 만들어도 좋을 것 같다'는 조언을 얻고 바로 네이버 카페 '요찾사(요소수를 찾는 사람들)'을 개설했습니다. 트럭 기사님과 디젤 승용차 운전자께서 주유소에서 요소수를 주유하고 위치 정보와 요소수 잔여 그리고 대기 인원 등의 정보를 직접 카페에 올려주고 카카오톡을 통해서 정보를 전달해 주었습니다.

질문 둘, 이러한 카페를 시작하게 된 계기가 있을까요?

수익형 블로그를 운영하고 있는 투잡 블로거입니다. 요소수 정보글을 작성하였을 당시 많은 사람들이 블로그에 방문해서서 광고를 클릭해주시고 쿠팡 파트너스 링크까지 눌러주시면서 발생되는 큰 수익을 경험하게 되었습니다. 다양한 주제로 글을 쓰는 잡다한 블로그라서 전문적인 글과 정보를 작성하고 싶어서 그때 네이버 카페를 생각했습니다. '네이버 카페로 수익을 낼 수 있다'는 저자의 유튜브 영상을 보면서 무작정 카페를 개설하였습니다. 요소수를 찾는 사람들이 쉽고 빠르게 정보를 공유하기 좋은 카페를 만들고 싶었고, 그래서 만들어진 카페가 바로 〈요찾사〉입니다. 쿠팡파트너스 요소수 제품 링크와 다양한 요소수 수입/도매업자 광고, 쪽지, 게시글을 통해 수익을 낼 수 있었습니다.

질문 셋, 카페로 수익을 어떻게 얻게 되신 건가요?

먼저 쿠팡파트너스 배너 광고를 만들어서 운영했습니다. 쿠팡 파트너스는 제휴마케팅 형태인데요. 수익의 3~5%를 제가 받게 됩니다. 두 번째는 요소수 업자 광고(1주일에 단체 쪽지 30만 원, 게시판 광고 50만 원)를 진행했습니다. 세 번째, 요소수 업자 판매 금액 10% 커미션(공동구매)을 지급받았습니다.

질문 넷, 이 책의 필자는 어떻게 알게 되셨나요?

필자인 광고의 달인 관계 네이버 블로그도 운영하면서 유튜브에서 많은 영상들을 보면서 수익화를 하기 위해서 많은 노력을 하였습니다. 어느 날 우연히 유튜브 알고리즘이 광고의 달인 유튜브 채널을 추천해 주었습니다. 네이버 카페를 잘 운영하면 건물주 부럽지 않은 월세 수익 이상의 돈을 벌 수 있다는 영상을 보면서 나도 언젠가는 네이버 카페 운영을 통해서 돈을 벌어보자 했습니다. 그렇게 광고의 달인 유튜브를 구독과 알람을 해놓고 꾸준히 네이버 카페에 대해서 관심을 갖고 있었습니다.

질문 다섯, 카페 이외에 운영하는 미디어가 있다면 무엇인가요?

수익형 블로그 티스토리, 워드프레스를 운영하고 있습니다. 오프라인 강의를 시작으로 2023년 하반기 이 경험을 바탕으로 블로그 온라인 강의도 하고 있습니다. 골프를 좋아해서 시작한 블로그는 인스타그램까지 키우게 되었고 공동구매와 DM 홍보를 통해 골프용품도 종종 판매하고 있습니다. 올해 시작한 온라인 셀링(구매대행, 사입) 사업)을 통해서 스마트스토어, 쿠팡, 11번가, 지마켓, 옥션에 다양한 상품도 판매하고 있습니다.

질문 여섯, 회원 모집은 어떻게 진행하고 계시나요?

요소수 이슈가 종료된 시점에서 별도의 정보 글보다는 쪽지를 통해서 요소수 할인 판매 광고와 업체 판매 링크를 전달합니다. 단 신규 회원이 정체된 상황이라서 고심 중에 있습니다.

질문 일곱, 카페 운영 중 어려웠던 점은 무엇인가요?

다양한 불법 광고 글이 올라와서 이를 지우느라 좀 힘들었습니다. 광고 단가가 맞지 않은 제품 게시 등도 어려움 중 하나이긴 합니다. 현재는 요소수를 벗어나 화물연대 화물/운수/배송 관련 공동구매 등 정보를 하려고 준비 중에 있습니다.

질문 여덟, 수익화는 언제부터 이루어졌을까요?

블로그를 통해서 쿠팡파트너스와 아마존 어필리에트를 하고 있는 상황이라 개설 후 파트너스 활동으로 카페 개설 후 바로 수익을 바로 낼 수 있었습니다. 온라인 사이트 요소수 품절 이후에는 다양한 요소수 도매와 수입업자 연락을 받고 광고 홍보 대가로 일정 금액을 지속적으로 받을 수 있었습니다.

다행히 제휴마케팅은 링크만 타고 가서 24시간 안에 어떠한 상품을 구매해도 저에게 3~7% 수익을 주기 때문에 정말 운이 좋았습니다.

1천만 명 자동차 동호회
카페 운영자

자동차 동호회를 운영하고 있습니다. 저희 동호회는 보통 차를 구매하고 싶거나 본인이 소유한 차에 관한 다양한 정보를 교류하고 자동차라는 매개로 다양한 분들과 소중한 인연을 맺을 수 있는 공간입니다.

생애 첫차를 구매하고 차에 대한 정보를 얻고 싶었는데 정보를 얻을 수 있는 공간이 제한적이었습니다. 그래서 이런 카페가 있다면 많은 분들이 다양한 정보교류는 물론, 커뮤니티 활동을 하면서 좋은 분들을 만날 수 있을 것 같아 운영하게 되었습니다.

요즘 같은 미디어 시대에 유튜브는 빠질 수 없는 매체입니다. 저희 회사도 요즘 대세인 유튜브를 운영하고 있습니다.

질문 넷, 회원 모집은 어떻게 진행하고 계시나요?

회원들이 얻고자 하는 정보를 남들 보다 빠르게 알리고 스마트하게 소비할 수 있는 정보를 공유하며 이를 알립니다.

질문 다섯, 카페 운영 중 어려웠던 점은 무엇인가요?

사람이 모이는 공간은 늘 말이 많습니다. 제가 운영하는 카페는 많은 회원들이 모여 있는 공간이다 보니 그 안에 다양한 분들은 그만큼 다양한 의견이 있어서, 그러한 상황에서 다툼이 있거나 회원 간에 편이 갈라져서 다른 카페로 대거 이탈을 할 때 가장 힘듭니다.

질문 여섯, 수익화는 언제부터 이루어졌을까요?

제 기준으로 꾸준하게 일 가입자 수 기준 100명이 6개월 이상 지속되었을 때부터 수익이 나기 시작했던 것 같습니다.

질문 일곱, 활성화는 어떻게 진행하고 있나요?

다른 성향의 카페보다는 자동차를 좋아하는 공간이다 보니 오프라인 차 모임을 자주 하는 편입니다. 오프라인 모임을 통해서 사람들과 친해지고 온라인에서는 회원들이 좋아할 만한 상품으로 이벤트를 하고 있습니다.

효율을 높이는
마케팅 프로그램 사용법

왜 프로그램을
사용해야 하는가?

마케팅 프로그램을 사용하는 것은 사람의 노동력을 대신하려는 의도입니다. 단순 반복적인 일을 하기보다는 모든 걸 자동화할 때 꾸준히 오래할 수 있고, 사람의 에너지는 한정되어 있기 때문입니다. 카페는 말 그대로 자동화 운영 시스템입니다. 이러한 자동화된 프로세스를 만드는 것을 추천하기에 이를 좀 더 빠르고 효과적으로 만들 수 있는 '프로그램이라는 세계가 있다'는 걸 독자분들에게 알려드리고자 합니다. 사람이 한 시간 단순반복 하는 것 보다 비용 대비 효율성이 매우 높기 때문에 프로그램을 안 쓸 이유가 없으니까요.

그런데 프로그램을 사용하는 걸 주저하는 이들이 많습니다. 하지만 프로그램을 사용했다고 해서 플랫폼에서 제재할 근거는 딱히 없습니다. 이미 프로그램은 대중화되었으며 많이 사용하고 있습니다. 프로그램 조작으로 문제가 된 유튜버 카페는 조작된 데이터를 근거로 광고주들에게 광고비를 받아서 문제가 된 것입니다. 해킹 또는 광고주를 속이는 것이 아니고 플랫폼에 큰 피해를 주는 것을 제외하고, 단순 반복을 대신해 주는 프로그램을 사용하는 것은 업무 효율성을 높이는 방법일 뿐입니다.

1. 카페 자동 댓글 프로그램 사용해보기

광고의 달인 메인화면

네이버 카페 상위노출 댓글 작성기를 클릭해 주세요.

상위노출 댓글기 메인화면

그룹 새로 추가하기 버튼을 눌러주세요.

상위노출댓글기 설정화면

제일 상단에 있는 메모는 그룹 제목이라고 생각하면 됩니다. 아무거나 적어도 무방합니다. 계정 설정에는 댓글을 작성할 아이디를 넣어주세요. 댓글을 작성할 카페에 미리 가입이 되어있어야 합니다. 카페 글 설정에는 카페 글 링크를 넣어주세요.

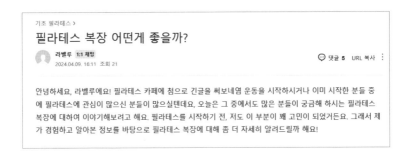

게시물 오른쪽 상단에 url 복사 버튼을 클릭하면 카페 글이 복사가 됩니다. 카페글이 https://cafe.naver.com/sunbaakim/397260 이런 주소로 있으면 앞에 네이버 카페닷컴을 지워주세요.

프로그램에는 sunbaakim/397260 이렇게만 넣어주시면 됩니다. 계정설정과 카페 글 설정이 완료되었다면 댓글 설정을 해야 되는데요. 카페 댓글을 작성하는 방법은 두 가지가 있습니다. 한 가지는 내가 설정한 문구로 댓글을 작성하는 방법과 챗GPT를 이용해 댓글을 작성하는 방법입니다.

직접 추가하는 방법

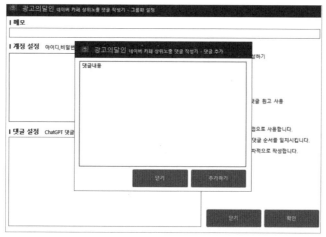

댓글 설정 방법

댓글추가를 누르면 저렇게 텍스트를 입력하는 창이 나옵니다. 빈 공간에 텍스트를 적으시면 입력이 됩니다. 아이디가 여러 개고 내용을 다르게 입력하고 싶다면 추가하기를 반복해서 여러 내용을 작성하면 됩니다.

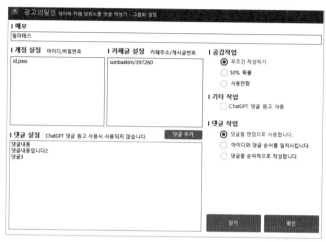

댓글 설정 방법 2 수동

주의할 점은 내가 입력한 댓글을 입력하고 싶을 때에는 기타 작업에서 챗GPT 기능을 꺼주세요.

챗GPT를 이용하여 댓글을 작성

챗GPT는 대화형 인공지능으로 질문을 하면 자연스럽게 답을 해주는 AI 도구입니다. 카페 게시글 제목을 인식하여 그에 알맞은 댓글 내용을 제공합니다. 기타 작업에서 챗GPT 댓글 원고 사용을 클릭해 주시면 사용이 가능합니다.

기초 필라테스 >
필라테스 복장 어떤게 좋을까?
라벨루 + 구독 1:1 채팅
2024.04.09. 16:11 조회 22
댓글 5 URL 복사

댓글을 달 카페글 제목

챗GPT 기능을 켜고 위의 글 내용에 댓글을 작성합니다.

인천k만렙집사 ☑
필라테스를 할 때는 타이트한 옷보다는 편안하면서도 움직임이 제약되지 않는 스포츠 웨어를 추천해요!
2024.04.09. 16:21 답글쓰기

서울k깡민 ☑
필라테스 수업을 할 때에는 스트레치하기 편한 운동복과 편안한 운동화가 좋습니다. 움직임이 제한되지 않는 옷으로 편하게
수업을 즐겨주세요!
2024.04.09. 16:21 답글쓰기

김포k카니박 ☑
필라테스 수업을 할 때는 편안한 운동복과 운동화가 좋아요. 신체 움직임이 자유로워야 더 효과적으로 운동할 수 있어요.
2024.04.09. 16:22 답글쓰기

뿐봉 ☑
스트레치하기에 편안하고 움직임에 제약이 없는 운동복이 좋을 것 같아요!
2024.04.09. 16:22 답글쓰기

활렬 ☑
편안한 운동복과 신발, 머리끈이 필라테스에 적합한 복장인 것 같아요!
2024.04.09. 16:23 답글쓰기

작업된 댓글화면

어떠신가요? 아주 빠르게 댓글을 작성하는데도 채 3분도 걸리지 않습

니다.

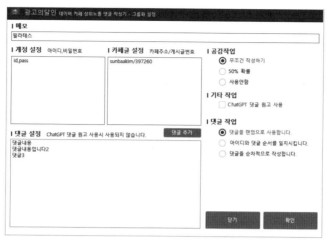

댓글 공감작업

이번에는 기타 기능에 대해서 배우겠습니다. 공감 작업은 게시글의 좋아요입니다.

공감화면

좋아요를 누른다고 해서 상위노출에 대한 점수가 있진 않습니다. 카페는 큰 부분에서 2차 가점을 주는 것은 오직 댓글뿐입니다. 기호에 따라서 좋아요 작업을 100%할 건지, 반반랜덤으로 할 건지, 안 할 건지 선택하면 됩니다.

| 기타 작업

☐ ChatGPT 댓글 원고 사용

챗GPT 사용 여부

두 번째 기타 작업은 챗GPT 기능인데 대부분 카페 상위노출 작업을 하는 사람들은 많이 사용합니다. 댓글을 작성할 때 키워드를 포함하여 댓글을 작성해야 노출이 더 잘된다고 하는 사람들이 있으나 이는 미신에 불과합니다. 댓글 내용에 굳이 키워드가 들어가지 않아도 됩니다. 키워드를 넣든 안 넣든 가점은 동일합니다.

| 댓글 작업

◉ 댓글을 랜덤으로 사용합니다.

◯ 아이디와 댓글 순서를 일치시킵니다.

◯ 댓글을 순차적으로 작성합니다.

댓글 설정방법

마지막으로 댓글 작업입니다. 댓글 작업은 댓글을 어떤 방식으로 달 것인지 설정하는 기능입니다. 챗GPT 기능을 사용하면 아이디마다 1개씩 순차적으로 달리기 때문에 댓글 추가를 이용해 지정된 댓글만을 원하시는 분들이 사용하는 기능입니다.

'댓글을 랜덤으로 사용한다'는 것은 댓글 추가 목록에 댓글이 10개가 있으면 댓글을 작성할 때 마다 목록에 있는 댓글 내용 중 1개를 랜덤으로 작성한다는 뜻입니다. 아이디와 댓글 순서를 일치시킵니다. 기능은 아이디 번호1 댓글번호1을 지정하여 아이디와 댓글 1번 순서에 맞게 작성합니다.

'댓글을 순차적으로 작성합니다'는 댓글을 내림차순으로 계속 작성합니다(예시로 아이디는 5개 댓글 내용이 3개라면 댓글 내용 a ⇒ b ⇒ c ⇒ a ⇒ b 순서대로).

작업된 댓글화면

설정을 완료한 후 확인을 누르고 체크박스를 체크한 뒤 작업 시작을 누르면 작업이 시작됩니다.

부록 3

테더링하는 방법

쉽게 테더링하는 요령

USB 테더링은 아이폰도 되고 갤럭시도 됩니다. 하지만 갤럭시로 이용해야 프로그램과 응용이 가능합니다. 그냥 연결한다면 개발자모드 활성화를 하지 않고 컴퓨터와 휴대폰을 USB 연결한 다음 USB 테더링을 켜면 됩니다. 연결을 할 때 컴퓨터의 유선 인터넷 혹은 와이파이를 꺼주셔야 합니다. 휴대폰이 '인터넷 모뎀'이라고 생각하면 됩니다.

그렇다면 개발자 모드를 왜 활성화 할까요? 프로그램으로 휴대폰을 조종하는 권한을 얻기 위해서는 개발자 모드를 켜주어야 합니다. 개발자 모드를 켜는 방법은 다음 페이지 이미지를 참고해주시면 됩니다.

USB 테더링으로 연결하면 비행기모드를 껐다 켰다 하면 IP가 바뀝니다. IP 변경을 확인하는 방법은 연결된 컴퓨터에서 네이버에 내 IP보기를 검색해주시고 비행기모드를 껐다 켠 다음 내 IP보기창을 새로고침 해주세요. 그럴 때 IP가 변경되면 잘 연결이 되었다는 것입니다. 핫스팟에 대한 질문이 있는데, 핫스팟을 쓰지 않는 이유는 무선이어서 인터넷 속도가

USB 테더링 보다 느리고 프로그램을 사용할 때 IP 변경을 할 수 없기 때문입니다.

갤럭시 설정 화면

갤럭시 휴대폰으로 설정에 들어가고 설정 창 맨 아래에 있는 휴대전화 정보를 클릭해 주세요.

갤럭시 설정 ⇒ 휴대전화 정보

소프트웨어 정보를 클릭해 주세요.

갤럭시 설정 ⇒ 휴대전화 정보 ⇒ 소프트웨어 정보

소프트웨어 정보에서 빌드번호를 10번 연타로 눌러주세요.

소프트웨어 정보에서 개발자모드 켜는 방법

연타로 누르면 '개발자모드가 되려면 ×단계가 남았습니다.'라는 문구가 나옵니다. 계속 클릭해주시면 휴대폰에 패턴이나 비밀번호를 설정하였으면 비밀번호를 입력하라는 창이 나옵니다. 그걸 완료하시면 개발자모드가 켜집니다.

설정창에 개발자모드가 활성화된 화면

다시 설정창으로 돌아오면 휴대전화 정보 밑에 개발자 옵션이 켜집
니다. 개발자 옵션을 눌러서 USB 디버깅을 켜주세요.

개발자 옵션 화면

이렇게 켜면 완료가 됩니다.

USB 테더링 하는 방법

USB 테더링은 휴대폰과 컴퓨터랑
연결을 하여 휴대폰이 인터넷 모뎀
이 된다고 생각하시면 됩니다.
이때 주의할 점은 휴대폰의 와이파
이를 꺼야 하는 것입니다. 컴퓨터도
유선이나 무선 연결되어 있는 것을
모두 끊어주세요. 설정에 들어가신
다음 연결을 눌러주세요.

갤럭시 설정화면

갤럭시 설정 ⇒ 연결

모바일 핫스팟 및 테더링을 눌러주세요.

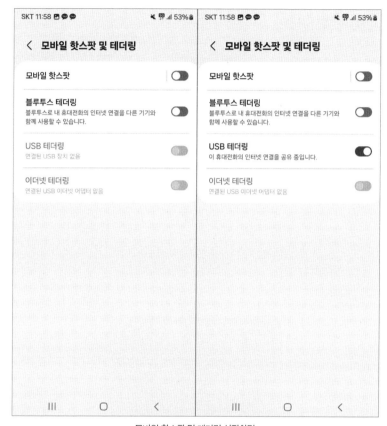

모바일 핫스팟 및 테더링 설정화면

컴퓨터와 휴대폰이 연결되어 있지 않으면 USB 테더링은 비활성화 되어 있습니다. 반드시 컴퓨터와 휴대폰을 연결시킨 다음 켜주세요. USB 테더링이 켜지고 컴퓨터의 IP가 바뀌었는지 확인하려면 네이버에 접속해서 내 IP 보기를 검색하시면 IP가 나옵니다.

네이버 내 IP 보기

　이때 비행기모드를 껐다 켜시고 내 IP 보기 새로고침을 하시면 IP가 바뀝니다. 바뀌지 않았다면 USB 테더링 연결이 제대로 되지 않은 것입니다.

휴대폰 퀵메뉴 정보창

　비행기 탑승 모드를 끄는 방법은 휴대폰을 위에서 아래로 쓸어내리면 비행기 탑승 모드를 클릭 한 번으로 온·오프 하는 공간이 나옵니다.

유선 컴퓨터 인터넷
쉽게 끊는 방법

대부분 노트북은 와이파이로 인터넷을 잡고 있어서 와이파이를 끄면 됩니다. 하지만 컴퓨터 데스크탑을 쓰는 사람들은 매번 할 때마다 인터넷 랜선을 뽑기는 힘든 일입니다. 윈도우 상에서 유선 인터넷을 끊는 방법을 알려드리겠습니다.

윈도우키 ⇒ 설정 화면

윈도우키를 눌러서 설정을 입력하여 설정에 들어가주세요.

주의 ⇒ 제어판이 아닙니다.

윈도우10 설정화면

네트워크 및 인터넷을 클릭해주세요.

네트워크 및 인터넷 화면

어댑터 옵션 변경을 눌러주세요.

어댑터 옵션 화면

먼저 활성화가 되어있는 ethernet0을 우클릭하여 '사용안함'을 눌러주세요. ethernet0은 사용자의 인터넷 환경에 따라 이더넷 등 이름이 다를 수 있습니다. 테더링을 다 사용하고 유선 인터넷을 다시 연결하고 싶다면 다시 사용함으로 체크하면 됩니다.

유선인터넷 종료방법

유선 인터넷을 종료하려면 '사용 안 함'을 클릭합니다.

유선 인터넷 활성화 방법

유선 인터넷이 다시 필요해지면 '사용'을 클릭합니다.

테더링 인터넷 보는 방법

삼성전자 휴대폰으로 테더링을 이용할 경우 네트워크 환경에 뜨는 아이콘 밑에 삼성 모바일로 뜹니다. 유선과 테더링을 구분할 수 있습니다.

참고문헌

- https://zdnet.co.kr/view/?no=20231218111043

- https://biz.chosun.com/it-science/ict/2023/07/23/JLYP6I2AMRH2FPP2OO4C5QAK5Y/?utm_
  source=naver&utm_medium=original&utm_campaign=biz

- https://www.news1.kr/articles/?4731510

- https://www.sedaily.com/NewsView/1Z6NYYBG7K

- https://www.etnews.com/20230124000045

- http://www.kdpress.co.kr/news/articleView.html?idxno=124065

- 《온라인 마케팅 전쟁 최전선의 변화》, 이상규 지음, 나비의 활주로

- 《초고속 부자들의 내공》, 함성일 지음, 나비의 활주로

- 《카페 마케팅가이드》, 고아라 지음, e비즈북스

- 《네이버 검색 1위 만들기》, 황홍식, 김혜원, 권오원 지음, 이지스퍼블리싱

- 《34세 부업의 신》, 한기준 지음, 도서출판 린